权威·前沿·原创

皮书系列为
"十二五""十三五"国家重点图书出版规划项目

杭州蓝皮书
BLUE BOOK OF
HANGZHOU

杭州妇女发展报告
（2016）

ANNUAL REPORT ON THE DEVELOPMENT OF WOMEN IN
HANGZHOU (2016)

女性与社会治理

主　　编／魏　颖
执行主编／侯公林
杭州市妇女联合会
杭州市妇女研究会

社会科学文献出版社
SOCIAL SCIENCES ACADEMIC PRESS（CHINA）

图书在版编目（CIP）数据

杭州妇女发展报告 . 2016：女性与社会治理／魏颖
主编 . -- 北京：社会科学文献出版社，2016.6
（杭州蓝皮书）
ISBN 978 - 7 - 5097 - 9221 - 6

Ⅰ. ①杭…　Ⅱ. ①魏…　Ⅲ. ①妇女工作 - 研究报告 -
杭州市 ②妇女 - 社会管理 - 研究报告 - 杭州市 - 2016
Ⅳ. ①D442. 855. 1 ②D675. 51

中国版本图书馆 CIP 数据核字（2016）第 118987 号

杭州蓝皮书

杭州妇女发展报告（2016）
——女性与社会治理

主　　编／魏　颖
执行主编／侯公林

出 版 人／谢寿光
项目统筹／恽　薇　冯咏梅
责任编辑／冯咏梅

出　　版／社会科学文献出版社·经济与管理出版分社（010）59367226
　　　　　地址：北京市北三环中路甲29号院华龙大厦　邮编：100029
　　　　　网址：www. ssap. com. cn
发　　行／市场营销中心（010）59367081　59367018
印　　装／北京季蜂印刷有限公司

规　　格／开本：787mm × 1092mm　1/16
　　　　　印　张：15.25　字　数：202千字
版　　次／2016年6月第1版　2016年6月第1次印刷
书　　号／ISBN 978 - 7 - 5097 - 9221 - 6
定　　价／79. 00元

皮书序列号／B - 2014 - 371

杭州蓝皮书编委会

主要编撰者简介

魏　颖　杭州市妇女联合会主席、党组书记，杭州市妇女研究会会长。近年来，主编的全国首部涉及妇女问题的蓝皮书《杭州妇女发展报告（2014）——女性就业与创业》荣获第三届中国妇女研究优秀成果二等奖；结合工作实际撰写的《杭州市"和谐家庭"状况评价研究》被列入杭州市软课题项目；《杭州市女大学生毕业就业难状况的研究与建议》获得时任杭州市委书记黄坤明的批示，并获得2009年杭州市政协优秀提案奖和杭州市领导干部优秀理论文章三等奖；《杭州市女企业家能力建设的现状与思考》《杭州市"50"婆与"80"媳妇关系的调查分析》先后被编入2010年、2011年《杭州发展报告》（社会卷）。

侯公林　医学硕士，教育学（心理学）博士，浙江理工大学心理学教授。杭州市第八、第九届政协委员，杭州市第十二届人大代表，中国民主促进会杭州市委副主任委员，杭州市知识分子联谊会副会长，浙江省社会主义学院兼职教授，浙江省检察院人民监督员，浙江省政府性别平等评估专家组成员。主要社会兼职：第九届浙江省家庭教育学会副会长，第十五届浙江省心理学会副理事长，杭州市妇女研究会副会长，杭州市发展研究会常务理事，第一届中国转化医学联盟常务理事，第一届浙江省转化医学学会副理事长，*Frontiers in Psychology* 杂志编委（SSCI），等等。2001年以来，主持与妇女发展有关的研究课题30余项，发表研究论文30余篇，主编和参与编写与妇女发展相关的书籍近10部。为《浙江省"十三五"妇女发展规划》《杭州市"十二五"妇女发展规划》《杭州市"十三五"妇女发展规划》主要撰稿人。

摘　要

　　2016 年是实现习近平总书记在党的十八大上提出的"到 2020 年全面建成小康社会"非常关键的一年，也是《杭州市"十三五"妇女发展规划》的开局之年。到 2020 年全面建成小康社会，不仅是经济的长足发展，而且也包含了妇女发展在内的全体人民的长足发展。在这个特殊的时期，编制蓝皮书《杭州妇女发展报告（2016）——女性与社会治理》，对于妇女通过参与决策和管理从而得到自身的发展无疑具有重要意义。本年度蓝皮书由总报告、女性参与基层管理篇、女性社会组织与志愿者篇、女性知识分子篇四个部分组成。总报告对杭州市妇女在参与基层管理、社会组织和科技创新三个方面的现状与存在的问题进行了深入的分析，并提出了相应的对策和建议。

　　总报告提出，随着杭州市经济和社会不断发展，女性参与公共管理的水平不断提高，在杭州城市管理的各个领域都能够看到女性活跃的身影。但是，从存在的问题来看，传统性别文化依然是影响女性参与管理的重要因素，主要表现为对女干部使用多、培养少，农村村委会主任中女性比例远远低于《中国妇女发展纲要（2011～2020 年)》的标准，等等。要推动杭州女性更好地参与决策和管理，就必须打破传统性别观念的影响，为女性参与决策和管理创造条件、打造平台，鼓励妇女参与社会治理。近年来，杭州女性踊跃参与社会组织并从事志愿者活动，在杭州市委、市政府的重视下，女性社会组织正逐渐成为杭州女性参与社会管理的新平台，志愿者活动正在成为杭州女性生活的新模式。从存在的问题来看，影响杭州女性参与社会组织和志愿者活动的主要因素是女性社会组织的组织化和内部管理问题。因此，对于女性社会组织应该有明确的定义，女性社会组织从业人员应该得到有效的培训。长期以来，杭州市对人才队伍建设高度重视，女性知识分子正成为杭州市文化和科技创新的重要力量，但社会性别刻板印象依然影响杭州女性知识分子的成长，主要表现在女性科技工作者的岗位限制和职称晋升方面。要更好地发挥女性知识分子的作用，还需要继续重视女性人才的选拔，为女性知识分子发展创造更好的环境。

从各个分报告看，在女性参与基层管理篇中，就影响杭州市基层女公务员成长的因素问题，提出了五个方面的对策和建议：不断完善和执行保障女性平等参与管理的法律法规；重视发挥基层女公务员的主观能动性；重视提升基层女公务员的综合素质，帮助她们处理好家庭和工作的关系；重视培养基层女公务员的领导力；将性别平等内容纳入领导干部培训课程。就杭州市女大学生村官参与基层组织建设问题，提出了四个方面的意见和建议：优化选聘方式，严把大学生村官准入关口；强化主体意识，激励女大学生村官干事创业；强化培养使用，提升女大学生村官服务基层组织建设能力；拓宽发展渠道，搭建女大学生村官成长成才平台。就社会性别视角下的杭州女性社区参与问题，提出了四个方面的对策和建议：全面改善女性社区参与的整体环境；进一步完善社区管理制度，提高女性参与水平；强化各种社会组织的作用，为女性社区参与提供组织支持；进一步加强女性的社区参与能力建设。

在女性社会组织与志愿者篇中，就杭州市女性社会组织发展和存在的问题，提出了五个方面的建议：改善政府监管体制；提高女性社会组织公信力；加强女性社会组织自身能力建设；整合全市女性社会组织各类资源；加强杭州市女性社会组织的国际和国内交流。就社会治理视角下杭州女性参与社会组织的动力与支持机制问题，提出了五个方面的建议：注重培育女性社会组织；加强妇联组织保障；形成项目联动工作机制；制定社会组织女性人才发展专项规划；吸引女性社会组织人才在杭创业发展。

在女性知识分子篇中，就杭州女性知识分子职业发展的影响因素问题，提出了五个方面的建议：积极引导女性知识分子发挥自身的智力优势；促进杭州女性知识分子和谐家庭建设；营造有利于杭州女性知识分子发展的职业环境；营造有利于杭州女性知识分子职业发展的社会环境；加大法律执行力度，保障女性知识分子的合法权利。就杭州市女性科技工作者发展状况问题，提出了三个方面的对策和建议：采用多种途径加大对女性科技工作者的物质型激励；为女性科技工作者创造良好的科研环境；完善女性科技工作者培养与流动机制，积极发挥创新学院的作用。

序

　　把实现自身价值与服务社会发展紧密结合起来，在参与社会治理中展示巾帼风采，是女性发挥"半边天"作用的重要渠道，也是妇女事业发展的应有之义。杭州市妇女联合会编写的《杭州妇女发展报告2016——女性与社会治理》，从女性参与基层管理、女性社会组织与志愿者、女性知识分子三个方面，全面总结分析"十二五"期间杭州妇女在参与社会治理方面取得的成绩和存在的问题，并提出了进一步促进妇女参与社会治理的意见和建议，为杭州市委、市政府在"十三五"期间推进妇女事业高水平发展提供了重要参考依据。

　　"十三五"时期是全面建成小康社会的决胜阶段。希望杭州市各级妇联组织和广大妇联干部深刻理解"妇女是物质文明和精神文明的创造者，是推动社会发展和进步的重要力量"的新思想、新要求，围绕"四个全面"战略布局，在更高水平、更深层次、更广领域谋划妇女事业发展，引导妇女弘扬"四自"精神，在促进改革、推动发展、维护稳定中更好地发挥"半边天"作用，共同推进杭州创新、协调、绿色、开放、共享发展，共建共享历史文化名城、创新活力之城、东方品质之城，共同朝着建成美丽中国样本、建设世界名城的目标大步迈进。

杭州市委常委

修桂莉

2016 年 4 月

目　录

I　总报告

II　女性参与基层管理篇

Ⅲ 女性社会组织与志愿者篇

Ⅳ 女性知识分子篇

皮书数据库阅读使用指南

总 报 告

General Report

B.1

杭州女性参与社会治理的现状
分析及对策建议

侯公林*

摘　要： 本文主要从城市公共管理、女性社会组织和志愿者活
动、科技创新三个方面出发，对杭州女性参与决策和
管理的现状进行了描述，对存在的问题进行了分析，
并就进一步推动杭州女性参与决策和管理提出了意见
和建议。

关键词： 杭州　女性　社会治理

---

* 侯公林，教育学博士，浙江理工大学心理学教授，研究方向：管理与社会心理学。

一 背景

随着经济的发展和时代的进步，越来越多的中国女性走出家庭、步入社会，从传统的"相夫教子"和"贤妻良母"角色向政府组织管理者和领导角色转化。事实上，今天的全球政经界正在掀起一股女性参与决策和管理的浪潮。近年来，中国政府积极推进女性参与社会政治、经济管理决策的各项政策和措施，加强对女性管理者、领导者的培养、选拔和任用，越来越多的优秀女性活跃于传统上由男性主导的社会经济管理等领域。2010 年，世界银行针对发展中国家最近 30 年的政策进行研究后发现，一个国家的性别差距越小，经济的发展速度就越快；而性别差距越大的国家，其经济增长缓慢，进而影响了这个国家全社会成员的共同发展。因此，对于一个国家来说，女性参与社会政治不仅是实现经济快速发展的必要因素，而且是推进社会经济快速发展的重要因素。由于女性参与公共决策管理的程度反映了一个国家的人类发展指数，女性领导者的发展被认为是促进国家民主政治文明建设的指标之一[1]。2012 年，党的十八大首次将男女平等作为基本国策写入报告，就是要切实解决影响和制约妇女发展的种种现实问题，大力促进女性与男性同步发展，确保女性与男性平等分享发展成果。

长期以来，妇女就是国家经济社会发展的重要力量，她们在工农业生产、科学、文化、教育、卫生等各项事业中做出了极其重要的贡献。因此，推动妇女参与决策和管理，对于保障妇女权益、促进妇女发展、推动男女平等，对于杭州市的经济社会发展和城市建设，以及实现党的十八大报告中提出的"两个 100 年"的重要战略目标具有

---

① 赵燕：《我国女性干部领导力的开发与培育研究》，山东师范大学硕士学位论文，2012。

重要意义。习近平总书记在全球妇女峰会上发表的讲话中指出："发展离不开妇女，发展要惠及包括妇女在内的全体人民。我们要制定更加科学合理的发展战略，既要考虑各国国情、性别差异、妇女特殊需求，确保妇女平等分享发展成果，又要创新政策手段，激发妇女潜力，推动广大妇女参与经济社会发展。中国实践证明，推动妇女参加社会和经济活动，能有效提高妇女地位，也能极大提升社会生产力和经济活力。"

　　近年来，随着我国经济的快速发展，以及社会环境的逐步改善，杭州女性参与决策和管理呈现多元化的态势。目前，在基层组织管理队伍中、社会组织管理队伍中、科技战线上都能够看到女性群体活跃的身影。与此同时，互联网技术的普及，也为女性参与决策和管理创造了良好的条件。然而，在社会的进步给妇女参与决策和管理提供良好环境的同时，也带来了如何发挥女性的主观能动性、主动参与社会治理，以及如何为她们的发展创造条件等新问题。为此，本文将从女性参与公共管理、女性参与社会管理和女性参与科学研究三个方面出发，对杭州妇女参与公共治理的现状、存在的问题进行分析，并对如何更好地实现妇女参与决策和管理提出对策和建议。

二　杭州女性参与城市管理的现状分析

（一）杭州女性参与公共管理的现状及问题分析

1. 杭州女性参与公共管理的水平不断提高

　　随着杭州市社会经济水平的不断提高，妇女参与公共管理的水平和能力也不断提高，党委和政府部门中公务员的性别比例逐渐趋向于合理。目前，杭州市 59 个市级党政工作部门中配备女干部的部门有 39 个，配备比例达 66.10%，其中配备正职女干部的部门比例达

22.03%。440个区、县（市）党政工作部门中配备女干部的部门有298个，占党政部门总数的67.73%，其中配备正职女干部的部门有74个，占16.82%。区、县（市）所属182个乡镇（街道）党政班子中配备正职女干部的班子有58个，比例达31.87%。在2~3个乡镇（街道）配备正职女干部的县（市、区）有12个，比例达92.31%。与此同时，女性后备干部队伍逐步壮大，杭州市现有的836名市管后备干部中，女性后备干部有233名，占27.87%。4212名县（市、区）管后备干部中，女性后备干部有1443名，占34.26%。由此可见，杭州市参与公共管理的性别结构更加趋向于合理。在女性参与社会决策管理方面，市一级的女性人大代表有145名，女性政协委员有164名，分别占市级人大代表、政协委员的28.40%和32.47%。区、县（市）级女性人大代表有733名，女性政协委员有877名，占比分别为24.10%和30.87%，已经接近发达国家水平。尤其令人可喜的是，杭州农村村委会成员中女性比例达30.41%，村民代表中女性比例达35.12%，城区居委员会成员中女性比例达51.92%，标志着杭州市女性参与基层公共事务管理的面得到了扩大，质量得到了提高。在杭州市下属的上城区，人大代表中女性代表的比例高达36.4%，女性政协委员的比例为34.5%，标志着杭州部分城区妇女参与公共管理的水平已经达到发达国家水平。

2. 传统性别文化依然是影响女性参与管理的重要因素

进入21世纪以来，杭州女性受教育的水平普遍提高，尤其是接受高等教育水平的提高，为女性从事公共管理奠定了良好的基础。大量的女性进入公共管理部门，其中许多女性还承担了重要岗位的管理工作。从发展的角度看，杭州市在女性参与公共管理方面取得了较大的成绩，但是从现实状况来看，传统文化依然是影响女性参与决策和管理的重要因素。尤其是在女性参与过程中的管理、培养和任用方面，还存在诸多亟待解决的问题。首先，在妇女参与基层管理方面，存在基层妇女干部使用多、培养少的问题。由于妇女干部的流动性较低，在很大程度上限制了她们能力的提高，主要表现为基层妇女干部中专职的妇女干部配备较少，她们普遍身兼数职，工作压力较大，这不利于其健康发展；而流动性低，从某种程度上又制约了基层妇女干部的培养和发展。其次，农村基层管理队伍中女性村主任的比例问题有待进一步解决。杭州市农村村委会主任中女性比例一直远远低于《中国妇女发展纲要（2011～2020年）》要求的10%的标准，这与对农村妇女干部的培养不够、传统性别观念的束缚，以及农村女性相对缺少参政议政的意识与能力有关。最后，县级各领导班子中女干部配备率有待提高。根据我们的调研结果，到2014年底，杭州市区（县、市）党政领导班子中女干部配备率、县级党委领导班子中女干部配备率、县级政府班子中女干部配备率均为92.31%，还未达到《杭州市"十二五"妇女发展规划》要求的100%的标准。如何提高女干部的配比仍然是需要进一步加以重视的问题。

（二）杭州女性参与社会组织与志愿者活动的现状与分析

1. 社会组织成为女性参与社会管理的新平台

在党的十八大报告第六部分"文化建设"中，明确提出"广泛开展志愿服务"是全面提高公民道德素质的重要内容，强调志愿者服务体现了公民社会服务的意识，反映了社会文明进步的水平①。在十八届三中全会中审议通过的《中共中央关于全面深化改革若干重大问题的决定》第十三部分"创新社会治理体制"中，更进一步地明确指出要激发社会组织活力，"支持和发展志愿服务组织"②。努力构建覆盖全社会的"党委领导、政府引导、共青团牵头、各方参与、

---

① http：//news. xinhuanet. com/18cpcnc/2012 - 11/17/c_ 113711665. htm.

② http：//news. xinhuanet. com/2013 - 11/15/c_ 118164235. htm.

组织完善、机制健全、充满活力"的社会志愿服务体系，是当前和谐社会建设中亟待解决的重大问题之一。近年来，随着杭州市志愿者活动越来越活跃，志愿者们提供的各种志愿服务在很大程度上弥补了政府在社会工作方面的不足，在杭州市委、市政府的重视下，以巾帼志愿为代表的女性社会组织的数量不断增加。到目前为止，女性志愿者组织已达到652个。这里定义的女性志愿者组织是指那些"由女性创办或由女性主导，主要以帮助女性、家庭等为主的社会组织"。从服务内容来看，女性社会组织的工作主要集中在法律维权、宣传咨询、关系调解、扶贫助困、公共环境、医疗保健、文化生活、家庭教育和心理健康九大领域。法律维权主要提供法律咨询、援助维权服务，维护妇女儿童的合法权益；宣传咨询主要涉及文化、文明（出行、垃圾分类等）、政策（宣传普及男女平等基本国策及其相关知识，弘扬文明新风）、文艺、法律、知识（禁毒、家庭教育、消防）、环保等方面；关系调解主要是进行婚姻家庭关系指导，化解家庭矛盾，调解邻里纠纷，维护社会稳定；扶贫助困主要关爱、帮助弱势群体，如贫困家庭、留守儿童、老人、未成年人（助困、助学、助老、助残）；公共环境方面主要是宣传开展"五水共治""美丽庭院"工作，整治环境，清洁社区；医疗保健主要提供健康保健、医疗服务；文化生活主要是开展各类文艺文化活动，免费教授广场舞等健身娱乐技能；家庭教育主要提供家庭教育讲座、家庭教育咨询服务；心理健康主要是为女性、儿童提供心理咨询，缓解心理压力。目前，杭州市女性社会组织的不断发展，不仅为女性参与社会管理提供了广阔的平台，而且成为新形势下推进城市精神文明建设的重要载体。

2. 志愿者活动正在成为杭州女性生活的新模式

习近平总书记在2014年"学雷锋日"曾经给"郭明义爱心团队"回信，对他们服务社会、助人为乐给予充分肯定，向全国广大志愿者爱心人士致以崇高敬意①。随着我国经济的发展和政治改革的深入，志愿者服务越来越受到党和政府的重视，这也为杭州市志愿服务事业的发展提供了机遇和广阔空间。我国的志愿服务事业发展起步较晚，仅20多年时间，但随着社会的发展和人们生活水平的提高，志愿者服务正在逐步成为提供社会公益服务的重要力量。目前，我国志愿服务事业的基本宗旨和理念为奉献、友爱、互助、进步。正是在这样的宗旨和理念推动下，我国社会组织建设不断发展，公益服务的扶助功能、疏导功能、教化功能和凝聚功能不断得以体现，公民参与社会管理、服务社会建设、促进社会和谐正成为一种新的、重要的生活方式。

从目前杭州市志愿者队伍的发展来看，女性志愿者无论是在人数上，还是在作用上都处于绝对优势的地位。与男性相比，女性志愿者的服务意识强、热情高，并且可以结合自身情感细腻、亲和力强等性别优势进行志愿服务。近年来，杭州市妇女联合会把开展女性志愿服务作为深化群众性精神文明创建活动的重要内容，充分发掘蕴藏在广大妇女中的志愿服务潜力，通过购买服务等多种方式，鼓励开展各类巾帼志愿服务活动，在社会志愿服务体系建设中呈现独具特色的魅力和风采。随着杭州市民公益意识的不断增强，志愿者服务得到了长足的发展，尤其是女性志愿者的发展、管理等逐步走向规范。目前，杭州市女性志愿者人数约为12.4万人；年龄主要集中于31~50岁，约占杭州市女性志愿者总人数的82.6%。女性志愿者还具有文化程度普遍较高、职业分布较广的特点，许多女性开始把参加志愿服务作为参与社会管理的新的途径。女性志愿者的无私付出，不仅在很大程度上弥补了杭州市政府在社会资源供应方面的不足，而且为杭州市的城市文明和社会治理提供了重要的人力支持。

---

① http://opinion.people.com.cn/n/2014/0305/c1003-24532890.html.

3. 对女性社会组织和女性志愿者的管理有待改善

虽然近年来杭州市将志愿者纳入社会发展体系中进行管理，并确定了志愿者管理由共青团统一管理的模式，这种模式虽然在一定程度上对志愿者管理进行了归口，使政府与志愿者组织或志愿者之间建立起某种联系。但是，从目前的现实状况来看，我国目前依然存在无法明确划定志愿者组织与民间社会组织之间界限的问题；在社会功能上，对于志愿者组织的志愿者和社会组织的职员之间存在哪些差别等并不明确；志愿者服务内容日趋专业化，尤其是当日趋庞大的女性志愿者群体正成为志愿者和社会管理的主力军时，目前简单的志愿者登记制度对迅速发展的女性社会组织和女性志愿者队伍进行系统管理的能力则明显不足。首先是女性社会组织的组织化问题。由于大多数女性社会组织都是自发形成的，没有明确的目标和使命，除了少数专业性很强的组织之外，大部分组织管理是无序的，缺乏组织可以长期运作和管理的机制。其次是女性志愿组织内部的管理问题。主要存在人员招募与选拔机制不健全、缺乏对志愿者的科学培训和有效管理、女性社会志愿组织"重服务、轻管理"的工作观念和思维方式长期存在、缺乏专门的财务管理制度等问题。最后是女性社会组织经费短缺的问题。主要表现为：不知道应该如何筹集工作经费；党政部门和社会机构对于女性社会组织重使用、轻支持，重付出、轻资助，使女性社会组织缺乏可持续发展能力；等等。上述问题目前成为困扰杭州市女性社会组织发展的障碍。

（三）杭州市女性知识分子发展现状与分析

1. 女性知识分子正成为杭州市文化和科技创新的重要力量

同样，随着女性受教育水平的不断提高，杭州市女性知识分子的人数逐渐增加，素质水平也不断提高。据统计，截至 2014 年底，杭州市各类专业技术人员总数为 88.5 万人，其中女性人数达到 38 万人；具有中高级技术职称的专业技术人员中女性的比例为 38.6%；取得高级专业技术资格的人数为 25137 人，其中女性有 8345 人，占33.2%。近年来，杭州市委、市政府为了引进人才，开展了杭州市全球引才"521"计划，其中许多优秀的女科技工作者也申报了国家、省"千人计划"人选工作。2010 年，入选国家、省、市各层次海外高层次人选的人员中，女性仅为 1 人，占入选总人数的 1.7%；之后人数逐年增加，到 2014 年，入选国家、省、市各层次海外高层次人选的人员中，女性已经达到了 15 人，占入选总人数的 13.3%。杭州市在高层次女性人才培养方面不断加大力度，2010 年选拔的"131 人才"中，女性就有 178 名，占比达到了 25.5%；在 2010 年和 2011 年选派出国培养的人才中，女性分别占了 50% 和 44%。由此可见，杭州女性科技工作者在知识和科技创新方面发挥的作用越来越大，正逐步成为城市创新的主要力量。女性进入文化和科技创新领域，并逐步成为城市发展的主要力量，不仅为杭州城市发展提供了丰富的人力资源补充，而且为杭州女性发展积累了大量的人才资源。从杭州市女性知识分子发展路径的状况可以发现，女性科技工作者不仅通过本职工作在城市中发挥了重要的作用，而且其中还有许多人进入了人大、政协等城市政治管理领域，在城市管理中发挥了重要的作用。

2. 社会刻板印象依然是影响杭州女性知识分子成长的重要因素

虽然，杭州女性知识分子在城市的创新和科技发展中发挥了重要的作用，但是从目前的总体发展状况来看，社会刻板印象对女性知识分子产生了很大的影响。首先表现在专业结构方面。女性知识分子主要活跃在文化、教育和卫生领域，而在企业管理、机械制造等传统由男性主导的领域依然很少看到女性知识分子的身影。这主要是因为女性在进入大学的专业选择阶段，由于社会刻板印象的影响，家长和老师通常会让她们选择医学、教育、财会等所谓适合女性学习的专业，选择机械制造、信息产业等专业的女性较少。其次表现在职业晋升方面。改革开放后，女性受教育水平的提高为女性成为高级人才提供了必要的条件。但是，由于社会性别刻板印象的影响，女性在进入高端人才队伍时面临的压力较男性更大。尤其是在职称晋升过程中，人们更愿意把机会留给男性，除非女性处于特别优秀，或者没有男性竞争的条件下。最后表现在生育和家庭对女性知识分子发展的影响方面。生育是人类繁衍生命的过程，在这个过程中女性承担了最重要的责任。女性知识分子与其他女性一样，也面临生育的问题。在只生一胎的状态下，女性从怀孕到孩子基本上可以完全脱离母亲照顾需要两年时间，而这两年又是女性知识分子业务能力发展最重要的时期，许多女性知识分子因生育和家庭问题而影响自身的业务发展。虽然我国经历了从女性维权到女性发展两个阶段，但是"男主外、女主内"的传统文化依然影响着女性知识分子的发展和成长，杭州也不例外。随着二胎政策的放开，如何更好地为女性知识分子发展创造条件，将成为两性平等和妇女发展需要面对的重要课题。

三　推进杭州女性参与社会治理的对策与建议

（一）推进杭州女性参与决策和管理的建议

推进女性参与决策和管理，就要打破传统性别观念的影响，给女性的参与创造条件和打造平台。第一，要对各级党委和政府领导进行马克思主义性别观的教育。帮助领导干部了解性别平等和妇女发展在当今社会发展中的重要意义，注重研究女干部的成长规律，高度重视对女干部的培养与选拔、使用与管理。在实际操作过程中，可以将两性平等的课程作为党校干部培训的必修课程。第二，要建立和完善对女干部培养的各部门协同机制。加强党委组织部门与妇联、统战、团委等相关部门的合作，形成以职能部门为主，干部所在单位、妇联、组织部门共同协作的机制，通过定期分析通报和督查制度，为女性参与决策和管理提供良好的环境支持。第三，要高度重视对女干部参与决策和管理能力的培养，有计划地组织开展各类女干部专题培训班，建立完善女干部基层培养选拔链，探索跨地区、跨部门"双向交流任职"，面向基层公开遴选等工作，通过挂职锻炼、交流轮岗、分配急难险重任务等方式，切实为加强女干部能力建设创造条件。第四，要着眼于女干部队伍建设的长远发展，组织部门要重点掌握一批能够担当重任的女干部名单，加强跟踪和培养，为女干部选拔提供人才储备。在深化年轻干部梯队成长工程中，要通过拓宽女干部来源渠道，完善市和区、县（市）两级女性人才库建设，坚持女干部培养从基层抓起，在公务员招考、选调生确定、大学生村官招考等工作中加强政策引导，注意保持一定数量的女性比例。第五，要加大统筹使用力度。各级党委组织部门应深入贯彻实施新《干部任用条例》，不断改进和完善女干部培养选拔方式，多渠道、多方式统筹选配好各层级女干部。根据领导班子建设需要和干部队伍实际，加强对女干部队伍的综合分析研判，在全市范围内用好女干部资源。同时，加大女干部参政结构的调整优化，坚持平等竞争与适度的政策倾斜相结合，积极为优秀女干部脱颖而出创造条件。

（二）推进杭州女性社会组织与志愿者发展的建议

1. 推进杭州女性社会组织发展的建议

女性社会组织是女性参与社会公共管理活动的重要平台。从目前杭州女性社会组织发展状况来看，其界定存在一定的模糊性。第一，有必要对女性社会组织有一个清晰的定义。在我们的调研中，女性社会组织的管理者和从业人员普遍认为，应该将女性社会组织定义为：由女性主导、创办成立，并由女性作为主要管理者，可以吸收男性参与的志愿者组织。第二，要明确女性社会组织的管理模式与管理体系。

如果要发挥好女性社会组织的作用，在目前的状况下，政府还需要对女性社会组织给予指导和帮助。在具体管理过程中，要厘清妇联、民政、团委和主管部门之间的关系，明确各自的工作重心，这样才能更好地发挥女性社会组织的社会职能，使之承担更多的社会公共事务。第三，要为女性社会组织健康发展创造良好的外部环境。政府要加大对女性社会组织的指导，通过孵化或政府购买服务等形式，帮助女性社会组织加强自身的能力建设。例如，帮助她们逐步形成自身的工作目标，建立规范的组织，形成规范的管理制度，实现和完成民政登记等。第四，引导女性社会组织有序发展。政府主管部门通过提供的培训，帮助女性社会组织科学地做好发展规划，制定发展目标，使其在数量、种类、布局等方面更加符合社会的需要，以促进女性社会组织的发展。妇联可以通过重点培育一批能适应社会发展的、满足社会需求的、专业性强的女性社会组织作为样板或标杆，通过她们的榜样作用，逐步形成特色明显、种类齐全、结构合理的女性志愿者组织体系。第五，加大女性社会组织的社会宣传力度。杭州市近年来已经形成了非常有特色的女性社会组织管理体系，如果能够进一步加强对女性社会组织的社会宣传，不仅可以让女性社会组织与需求方对接，而且可以帮助一些女性社会组织找到自身的志愿服务立足点，并为女性社会组织找到有专业能力的女性加入自己的志愿服务队伍创造条件。

2. 推进杭州女性志愿者参与社会管理的建议

随着女性志愿者在杭州市社会发展中发挥的作用越来越大，建设一个科学的体系对女性志愿者进行招募和管理将有助于推进女性参与社会服务和管理。第一，要完善女性志愿者招募机制。通过建立一套完善的运转体制，对志愿者、机构、项目进行匹配，对选拔、培训、分派工作等一系列环节提供了科学、规范的管理。尤其在对志愿者的选拔中非常注重对志愿者的硬件（时间、家庭、知识结构等）和软素质（兴趣、理念、热情等）进行综合的考查，避免了在实际服务的过程中因缺乏对志愿者的了解而影响工作。第二，要建立"进出"机制，对一些活跃程度低、经常不参加志愿活动的志愿者进行管理，以加强队伍建设。例如，以一年为周期，在此周期内，对于活跃程度极其低的考虑将其劝退女性社会组织，从而使得女性社会组织富于活力。加大宣传力度，提高社会的认同感，使女性志愿者不再仅限于各级妇联以及社区干部内部，而是面向全社会招募，使其服务于全社会。第三，要加强女性志愿者的能力建设。要引导志愿者对社会组织理念的了解，尤其要重视志愿者责任感和服务意识的培养，让她们真正了解"团结、友爱、互助、进步"的志愿者精神的内涵。同时，通过为女性志愿者提供培训，提高其专业性以及个人素养。第四，要建立女性志愿者的奖励机制。对女性志愿者的工作进行考核后，通过发放纪念品、奖状、证书等，对优秀的、有代表性的女性志愿者进行表彰和奖励，肯定她们的志愿活动在整个社会中所起的带动作用和榜样作用。第五，要适当考虑女性志愿者在进行志愿活动时付出的成本，通过为志愿者提供津贴来补贴她们在参与志愿服务和提供公共服务（产品）中所付出的必要成本。第六，各级妇联要创新女性志愿者管理，利用现代化的传媒建立起信息收集、发布、交流的媒体媒介，建立数据库；通过"互联网＋"的方式，开通女性志愿者论坛、微信平台、微博服务账号等，用信息化的管理手段实现志愿者服务与志愿服务需求之间的无缝对接，从而实现信息对称。让女性志愿者及时掌握需要志愿者提供服务的信息，社会大众也能够更好地选择她们提供的志愿服务。

（三）推进女性知识分子发展的建议

女性人才是城市发展和创新的重要人力资源来源，大力加强女性人才培养，进一步发挥女性人才在创新型城市建设中的作用，对于杭州市未来的发展具有重要的意义。第一，要继续坚决贯彻执行国家的

《妇女权益保护法》，积极关注女性人才在录用过程中的平等问题，明确规定不得提高对女性的录用标准或设置歧视性的条件要求，不允许在国家政策规定以外规定男女比例，更不得以性别为由拒绝录用女性。第二，在各类职称晋升中坚持男女平等、公正公平的原则，保障女性知识分子的平等权利。同时，要将女性生育时间纳入管理，在职称晋升时应适当减去孕期、哺乳期的业务考核，让她们能够公平地参与晋升活动，严禁女性因生育而在晋升时被歧视。第三，在做好海外留学生工作、开展杭州市全球引才"521"计划人选申报工作过程中，要继续重视女性人才的选拔，积极推荐女性知识分子申报国家、省"千人计划"人选，为女性发展创造更好的环境。第四，在推进杭州"131"人才工程等工作中，要重视女性专家的引进及培养。同时，不断完善杭州市专业技术资格评审委员会专家库中女性专家的比例，激励女性专业技术人才在提升城市核心竞争力中发挥作用。

四 结语

"十二五"期间，杭州市委、市政府以毛泽东思想、邓小平理论和"三个代表"重要思想为指导，认真贯彻落实科学发展观和党的十八大、十八届三中全会、十八届四中全会及习近平总书记系列重要讲话精神，认真贯彻落实党中央、国务院、省委、省政府和市委各项决策部署，推进实施"杭改十条""一号工程""市区一体化发展"等一系列重大举措，在加快"美丽杭州"建设速度的同时，也大大推动了杭州市妇女事业与经济、环境、民生等方面的协调发展。2015年是全面深化改革的关键之年，既是《杭州市"十二五"妇女发展规划》的收官之年，也是《杭州市"十三五"妇女发展规划》的开局之年，我们期望，通过各级党委、政府和妇联的不懈努力，在21世纪末，杭州女性能够在城市社会文化和经济发展中发挥更大的作用。

女性参与基层管理篇

Women's Participation in Grass-roots Management

B.2
杭州市基层女公务员成长的
影响因素及对策研究

张立波　王佳伟　侯公林*

摘　要：　提高女性在社会管理和决策方面的参与度是实现男女
平等的重要途径。而基层女公务员的能力建设和发展
则是其中的重要环节之一。近年来，杭州市委、市政
府高度重视基层女公务员的选拔和培养，并取得了重
要的进展。但是，从实际发展的现状来看，仍然存在
诸多问题。本文在查阅以往文献的基础之上，编制半
结构化访谈提纲，采取面对面访谈形式，对杭州市所
属13个区（县、市）基层女公务员的成长路径进行深

* 张立波，浙江理工大学心理系本科生。王佳伟，浙江理工大学心理系研究生，研究方向：
管理与社会心理学。侯公林，浙江理工大学心理系教授，研究方向：管理与社会心理学。

入的调查研究，为消除基层女公务员发展过程中存在的障碍提供一些思路。

关键词： 基层女公务员　成长机制　影响因素　对策

一　研究背景

2006 年颁布的《中华人民共和国公务员法》规定，在我国，公务员指的是依法履行公职、纳入国家行政编制，且由国家财政负担工资福利的工作人员，包含以下七类机关中除勤务人员以外的所有工作人员：①中国共产党各级机关；②各级人民代表大会及其常务委员会机关；③各级行政机关；④中国人民政治协商会议各级委员会机关；⑤各级审判机关；⑥各级检察机关；⑦各民主党派和工商联的各级机关。

然而，基层公务员的定义无法律规定，学界亦有所争议。有人认为基层公务员是指县、乡两级机关的公务员（屈继清、王远昌，1997）；也有人认为基层公务员是政府机关中较低层次的公务员，他们直接与人民群众相接触（甘培强，2004）；还有人认为基层公务员是乡、镇人民政府及街道办事处中无领导职位的公务员（刘醒，2014）。总的来讲，这些定义是从以下三个角度出发来界定"基层"的概念的：①负责区域相对较小，一般是县及以下；②工作对象直接是人民群众，起着群众和上级政府机关间的桥梁作用；③在领导层级中处于底层，一般多是县处级及以下。本文采纳李晓霞（2010）的定义，根据公务员所在机关在体制中的位置，将基层公务员定义为县级及以下上述机关中的公务员，即县、镇、乡或街道中的领导级和非领导级公务员，包含县处级正副职、调研员和副调研员，乡科级正副职、正副主任科员及科级以下的科员、办事员等。

男女平等是我国的基本国策之一，男女平等程度也是衡量社会文明程度的重要标志，实现两性平等对经济发展（Mitra，et al.，2015）和政治文明（梁旭光，2004）都有促进作用。而提高女性在社会治理方面的参与度正是推进男女平等的重要途径，只有这样，女性在社会生活中才能更好地发出自己的声音，为自己争取权利。《中国妇女发展纲要（2011～2020 年）》指出，要提高妇女参加社会治理和管理的水平，"推动妇女广泛参与基层民主管理"（国务院，2011）。近年来，女性在基层民主管理方面也扮演了越来越重要的角色。2013 年，女性在居委会组织中的占比已达 48.4%；村委会成员中女性占比为 22.7%，比 2010 年提高 1.3 个百分点；村委会主任中女性比例为 11.9%，比 2010 年提高 1.5 个百分点（国家统计局，2015）。可见，相较于过去，女性越来越多地参与到了管理决策中。

然而，这一进展背后有着诸多问题。首先，与女性在我国人群中的基础比例相比，上述比例还是偏低的。其次，联合国规定任何社会组织中任一性别的比例都不应低于 30%。也有研究指出，决策层中若某一群体的比例低于 30%，则很难具有代表性（刘伯红，2003）。对比 30% 的这一要求，可以发现妇女在我国社会管理和决策中的参与率还有很大的提升空间。最后，就算是在暂且抛开参与比例的情况下，参与质量也存在较大问题。以人大代表、政协委员中的女性比例和基层民主管理中的女性比例数据为例，妇女参政的"权力尖端缺损"现象暴露无遗，即层级越高，女性的参与率就越低（Schein，2001；金静，2007）。另外，参与质量上的问题还表现在女干部往往是副职多、正职少，虚职多、实职少；而且负责的多是教育、卫生、计生和环境等部门，较少负责安全、金融、能源等权力较大的部门（李永康、赵海燕，2012；吴玲，2005）。

因此，虽然女性在管理决策方面的参与度提高了，但是在数量和质量上还存在不少问题。基层女公务员作为中高层女领导干部的"后备军"，促进其发展对女性参与度的提升有着至关重要的作用，从而对促进性别平等具有积极意义。另外，研究基层女公务员的成长因素也可以促进基层女公务员的家庭和谐，减少家庭和工作冲突带来的消极影响。而对于基层女公务员自身而言，研究其发展因素可以使其更加了解自身的职业发展情况并促进自身发展，为解决职业生涯中的困惑和疑问提供指导性意见。

二　研究对象与方法

（一）研究对象

本文以杭州市基层女公务员为研究对象，访谈了 26 名基层女公务员，分别为江干区 5 人、富阳区 4 人、建德市 6 人、淳安县 5 人、桐庐县 6 人。其职务情况见表 1。

表 1　访谈对象职务及数量

单位：人

职务	人数	职务	人数
街道或乡镇妇联主席	12	文联主席	1
纪委书记	2	组织部组织员	1
妇联权益部部长	1	街道办事处人员	1
人社局妇女主任	1	街道办事处党政办主任	1
教育局妇女主任	1	副镇长	1
公安局妇委会主任	1	职务不清	1
计生局统计信息科科长	1	总　计	26
团委副书记	1		

（二）研究方法

本文采用结构化访谈法，因为这一方法既能对访谈中的问题进行适当的展开，深入探究某些重要的问题，又能依照较为具体的提纲进行访谈，不会遗漏重要信息，也能利用以往研究的结果。

具体的过程为：首先，查阅相关文献，了解女公务员发展中的普遍问题和基层女公务员发展中的特殊问题；其次，结合问题的特性，对以往研究中已有的"浙江省直机关女干部成长机制研究"访谈提纲（蔡杰等，2014）进行修改和完善，形成"杭州市基层女公务员成长机制研究"访谈提纲，从个人、家庭、社会文化和组织四个方面探究影响基层女公务员发展的因素；最后，由心理专业的人员对访谈对象进行逐个访谈，单次访谈时间约 40 分钟。

三 杭州市基层女公务员发展面临的问题与现状

（一）个人因素对杭州市基层女公务员发展的影响

研究结果显示，影响基层女公务员的个人因素包括心理因素和生理因素两方面。心理因素涉及女性选择公务员职业的动机、对发展前景的期望、公务员生涯中的压力以及女性的个性心理特征四个方面；生理因素是指女性的独特生理特点，包含生理期、怀孕、生育和哺乳等。

1. 择业动机对基层女公务员发展的影响

受访者对"选择公务员职业的原因"主要有以下几个关键词：稳定（22 人谈及，下同）、收入（11 人）、社会地位（10 人）、父母影响（4 人）、照顾家庭（3 人）、就业压力（3 人）、选拔公正（2人）、专业适合（2 人）、工作调动（1 人）、岗位具有全面性和多面性（1 人）、个人成长（1 人）、个人性格（2 人）、满足事业心（1

人)、体现价值（1人）、喜欢管理（1人）。

考虑到实际应用，职业选择的动机可以简单地分为内在动机和外在动机两大类：内在动机是积极主动的，是指对对象本身感兴趣（如喜爱职业本身等），而不是基于得失权衡；外在动机则是消极被动的，是指对对象的结果感兴趣，注重得失权衡（如收入高等）（Pinder，2008）。根据这个内在－外在动机二分模型，除了个人成长、满足事业心、体现价值和喜欢管理是内在动机外，其他几种动机都是外在动机。据此，可以将访谈对象分为三类：内在动机类、外在动机类和内外动机兼有类。各类型人数与比例见表2。可见，大多数受访者的动机是外在的，即使有内在动机，也同时受到外在动机的影响。

表2　基层女公务员动机分类及人数与比例

动机类型	人数(人)	比例(%)
内在动机类	0	0
外在动机类	23	88.5
内外动机兼有类	3	11.5

2. 家庭和工作的双重压力对基层女公务员的影响

受访者中有24人（92.3%）认为公务员生涯是有压力的。另外2人中有1人（3.8%）觉得压力有无视岗位而定，重要的岗位压力大，不重要的岗位压力小；另1人（3.8%）认为压力有无视个人而定，若求稳则无压力，若欲取得成绩则有压力。受访者中有19人（73.1%）认为女公务员的压力大于男性，4人（15.4%）觉得与男性的压力差不多大，1人（3.8%）觉得压力不小于男性，1人（3.8%）觉得压力比男性小，1人（3.8%）表示不清楚男性与女性谁的压力大。可见，大部分基层女公务员认为公务员生涯颇具压力，而且通常压力比男性大。

对于压力来自哪些方面这一问题，受访者的回答可归为五类：工作压力、家庭压力、社会压力、组织压力和自身压力。工作压力主要是因为需要经常加班，要求又高，而且直接面对群众，工作难度也大。家庭压力主要是需要兼顾工作和家庭，负担大，同时要对子女的教育负责。社会压力指的是社会刻板印象，要求女性必须兼顾家庭和工作，仅仅是工作能力强并不足以得到社会的认同。组织压力表现在与男性同事的竞争、上升空间受到限制等方面。自身压力则是自身的个性导致的，如自我要求高等。各压力源所占比例见表3。

表3 基层女公务员压力来源

压力源	人数（人）	比例（%）
工作压力	17	65.4
家庭压力	18	69.2
社会压力	7	26.9
组织压力	5	19.2
自身压力	5	19.2

3. 职业发展机会对基层女公务员心理的影响

在谈及对职业发展前景的看法时，有14名受访者表示不看好发展前景，她们主要认为与男性相比，女公务员的发展限制较大，而且晋升的空间受限。但也有10名受访者看好发展前景，她们对发展前景持积极的态度，部分受访者自身有较大的抱负，认为公务员职业能开阔眼界，随着越来越多的女性加入公务员队伍，女性的发展前景会越来越好。另外，有2名受访者认为发展前景需视个人能力而定，若能力不足则前景不好，否则有较好的发展前景。对发展前景持不同态度的受访者的比例见表4。

表4　基层女公务员对发展前景的看法

看法	人数（人）	比例（%）
不看好	14	53.8
看好	10	38.5
视个人能力而定	2	7.7

4. 女性性格特点对女公务员的发展有利有弊

访谈结果显示，有46.2%的受访者（12人）认为女性性格特点对公务员工作而言利弊兼有，有利的方面主要体现在女性细心，考虑周全，而不利的方面则主要体现在女性较为软弱，魄力不足，统筹兼顾和应变能力不如男性，但同时必须考虑到具体的性格和工作性质。有38.5%的受访者（10人）认为女性性格特点对公务员工作产生的影响是消极的，因为女性性格较为软弱，优柔寡断，又较为敏感，自我要求高，不利于工作的开展。然而，也有15.4%的受访者（4人）认为女性性格特点对公务员工作有积极影响，主要表现在女性心思细腻，态度温柔，善于倾听。对女性性格特点对基层女公务员发展的影响持不同观点的人数与比例见表5。根据调研的结果，女性心理特点对基层女公务员的发展既有利也有弊，好的一面主要是女性相比男性更为细心细腻，从而有助于其开展群众工作；但女性的优柔寡断和魄力、气势不及男性，也会阻碍工作的顺利开展。

表5　基层女公务员对女性性格特点对职业发展的影响的看法

看法	人数（人）	比例（%）
利弊兼有	12	46.2
不利	10	38.5
有利	4	15.4

5. 怀孕和生育对基层女公务员的发展有较大影响

就生理因素对女公务员发展的影响来看，只有7.7%的受访者

（2人）认为影响不大；另有7.7%的受访者（2人）认为需视情况而定，3.8%的受访者（1人）对此表示不清楚有没有影响；其余80.8%的受访者（21人）认为生理因素有所影响，其中甚至有15人认为有很大或较大的影响。然而，受访者认为生理因素对公务员的影响主要是怀孕和生育方面的，一方面，产假导致正常的工作受到影响；另一方面，怀孕、生育又使得升职受到影响，失去晋升的机会。受访者认为生理期对公务员没有太大影响。有受访者认为，单位中层竞聘，如果女性正处于孕期或者哺乳期，那么就会自然而然地被认为不适合参加这个中层竞聘，因为社会刻板印象认为女性更多的时间需要照顾家庭和孩子，在对工作付出方面肯定不如男性多。因此，一些晋升的机会会因为各种生理因素的关系而错过。

（二）家庭因素对基层女公务员发展的影响

影响基层女公务员发展的家庭因素主要包括三方面：一是女公务员的父母对她们的影响；二是女公务员的丈夫对她们的影响；三是子女教育因素的影响。

1. 大部分父母对基层女公务员无过高的期望

88.5%的受访者（23人）认为她们的父母对其发展的要求不及对男性发展的要求那么高，具体表现为父母希望男性能够升职，在事业上取得成功，而对女性的希望则是家庭美满、工作上稳定就好，不求升职。只有11.5%的受访者（3人）的父母对其发展和对男性发展的要求是一样的（见表6）。事实上，女公务员的父母对其发展的影响是直接而巨大的，主要表现在三个方面：首先，女公务员的父母可能影响其职业选择和人生规划；其次，家庭教育又会影响女公务员在工作中的态度和作风；最后，父母对女公务员求稳的期望也影响其在工作中的发展，使其升职的愿望减弱。有受访者认为，很多父母希望子女从事公务员职业，一则是比较稳定；二则是觉得比较体面。特别是对于女性，很多父母都积极促使她们去考公务员。但对她们的职业发展要求与男性不同，如果是对男性就可能希望他们能得到提拔，对女性更多的是希望稳定，兼顾家庭。

表6　基层女公务员的父母对其要求与对男公务员的要求对比

对女公务员的要求	人数（人）	比例（%）
比男性低	23	88.5
和男性相同	3	11.5

2. 大部分丈夫支持基层女公务员的工作

53.8%的受访者（14人）的丈夫支持她们成为公务员；剩余的23.1%的受访者（6人）持反对态度，23.1%的受访者（6人）保持中立（见表7）。反对的原因主要是希望女公务员能够顾家，也不希望自己被妻子超过。丈夫对女公务员的态度主要是通过家庭和谐来影响女公务员的发展的，若丈夫支持，则女公务员无后顾之忧，将更多的精力投入工作，取得成绩；若丈夫反对，则可能使女公务员为了维持家庭而放弃发展的机会，升职动力下降。事实上，家庭的支持可以支撑女公务员在自身发展过程中更自信，但如果有家庭的羁绊的话，女公务员的发展就会受到影响，因为她必须选择放弃某些东西。

表7　基层女公务员的丈夫对其职业的态度

态度	人数（人）	比例（%）
支持	14	53.8
中立	6	23.1
反对	6	23.1

3. 子女教育影响基层女公务员的发展

子女的教育问题是影响基层女公务员发展的主要问题。在调研过程中，有一半的受访者认为孩子的养育会影响女公务员的发展。尤其是当面临下派锻炼时，由于孩子需要母亲的照顾，许多女公务员就面临发展和孩子家庭教育的选择。在我国，女性在从事自己的职业时，还需要兼顾孩子的家庭教育，抚育下一代的责任主要在女性身上，这使得女性和男性在工作负担上有所差异。女性需要同时承担工作压力和家庭中做家务、养育子女的压力，而男性则大多只需承担职业的压力。这也就是"第二轮班"的概念想要指出的：女性除了在职业上进行"第一轮班"的工作，还需要在家里进行"第二轮班"的工作（Hochschild and Machung，2012）。

（三）社会文化因素对基层女公务员发展的影响

影响基层女公务员发展的社会文化因素也包括三方面：一是"男主外、女主内"的性别角色定位；二是"男权主义"和"男尊女卑"的思想；三是女公务员易被认为是女强人，性别趋于中性化。

1. "男主外、女主内"的角色定位限制了基层女公务员的发展

如表 8 所示，69.2% 的受访者（18 人）不认同"男主外、女主内"的角色定位，26.9% 的受访者（7 人）认同这种角色定位，还有 3.8% 的受访者（1 人）对此持中立态度。但无论是认同还是不认同，都认为这种角色定位对女公务员有消极影响。主要体现在以下两个方面：第一，这种角色定位使得女公务员需投入大量时间和精力来照顾家庭，减少了对工作的投入，影响工作质量，从而间接阻碍了晋升的道路；第二，社会刻板印象认为女性应该专注家务而不应该在外头打拼，这也使得在干部提拔时如果有可能会尽量选择男性，对女性考虑较少，从而导致女性基层公务员的发展受到限制。但近年来，这种角色定位的影响作用正在慢慢弱化，部分受访者也认同这种现象正在慢慢减少。有受访者提出，当女性具有达到正局级的能力，但如果发现

会超过自己的丈夫时，她无形中就会放慢自己上进的脚步。因为如果一个家庭中女强男弱的话，那么这个家庭或多或少地会存在不安全的因素。

表8 基层女公务员对"男主外、女主内"的角色定位的看法

态度	人数（人）	比例（%）
不认同	18	69.2
认同	7	26.9
中立	1	3.8

2. 半数基层女公务员感受到"男权主义"和"男尊女卑"

在调研过程中，57.7%的受访者（15人）认为自己能够感受到来自社会环境中的"男权主义"和"男尊女卑"现象的存在，其表现虽然不是非常明显，但是在人们的潜意识中还是存在的，并且影响着人们的判断和行为。但42.3%的受访者（11人）表示在自己的工作中没有感受到"男权主义"和"男尊女卑"现象的存在。受访者普遍认为，"男权主义"和"男尊女卑"这种思想观念阻碍了女公务员的发展，打击了女公务员的自信心，使她们无法施展才华，晋升受到制约，必须比男性付出更多的努力，但是得到的机会可能还不如男性多。只有1名受访者认为这种观念对已婚女性而言没有太大影响，只对未婚女性有较大影响。

3. 大部分基层女公务员不认同"女公务员是女强人，性别趋于中性化"的观点

调研中还发现，73.1%的受访者（19人）不认同"女公务员是女强人，性别趋于中性化"的观点。她们认为这种观念会给女公务员造成心理压力，使得她们不敢施展自己的才华，担心如果处事决断、不够温柔，就会被冠以"女强人"的帽子。但是，也有部分受访者认为这不会造成太大影响，或者认为"女强人"的称号对其

有肯定作用，会促进她们的工作。另外，15.4%的受访者（4人）认同"女公务员是女强人，性别趋于中性化"的观点，她们认为这种看法是对女公务员能力的肯定，做个"女强人"有利于工作的开展，有助于得到组织的信任，但也有的受访者即使认同这种观点，也认为这会使女公务员承受更多的压力。7.7%的受访者（2人）认同女公务员易被视为女强人的观点，但不认为这会让女公务员的性别趋于中性化。有受访者认为，由于担心被人看作女强人让自己缺少了女性的特征，于是工作中就变得缩头缩脑，明明具有处事果断的能力也不敢大胆地施展，从而导致女性的能力不如男性的看法。

（四）组织因素对基层女公务员发展的影响

影响基层女公务员发展的组织因素主要调研了五个方面的问题：一是是否认同主要领导是男性比较合适这种观点；二是目前领导班子中必须至少有一名女性这项规定对基层女公务员的发展是否有积极正向的作用；三是对男女公务员的培训是否有差异；四是基层工作对女公务员的发展有何影响；五是妇女组织对于女公务员发展是否有帮助。

1. 四成多基层女公务员不认同主要领导是男性比较合适的观点

调研结果显示，42.3%的受访者（11人）不认同主要领导是男性比较合适的观点，认为男女应该平等，这种观点体现的是对女性的不平等，况且男女各有优点，女性的能力也不低于男性。15.4%的受访者（4人）认为领导是谁应该视工作的具体性质而定，不同的岗位有不同的要求，与性别无关。有受访者提出"为什么要认同主要领导是男性？现在韩国总统就是女性。为什么我们主要领导就不能是女性"的疑问。但是，值得注意的是，同样有42.3%的受访者（11人）认同主要领导是男性比较合适的观点。她们认为，男性精力比女性更加充沛，抗压能力更强。同时，男性在思维上逻辑性更强，决策能力强于女性，更关注大局而非细枝末节（见表9）。

表9　基层女公务员对主要领导是男性比较合适这种观点的看法

是否认同	人数(人)	比例(%)
不认同	11	42.3
认同	11	42.3
视工作而定	4	15.4

2. 大部分基层女公务员认可领导班子中必须至少有一名女性的规定

2001年4月，中组部出台了《关于进一步做好培养选拔女干部、发展女党员工作的意见》，规定"省、自治区、直辖市和市地、州、盟党委、人大、政府、政协领导班子要各配一名以上女干部，县市、区、旗党委、政府领导班子要各配一名以上女干部"（张永英，2005）。这一举措的目的旨在提高女性的参政比例，促进社会政治领域的性别平等。关于这项规定，92.3%的受访者（24人）认为有积极正向的作用，她们认为这将有助于实现女性在领导班子中从无到有的突破，为女公务员提供了上升的空间和进取的动力与保障。若没有这项规定，可能领导班子中一名女性也没有，但比例应当提高，不要局限于一名。现实中，许多单位在执行过程中把必须有一名女性错误地演变成只要有一名就行，违反了规定的本意，让选上的女领导成为一种装饰和摆设，只是为了满足要求，并不切实保障女性的参政权利。然而，7.7%的受访者（2人）认为这项规定对女公务员的发展没有积极的作用，因为虽然必须有一名女性，但是被选上的女公务员往往只是担任虚职。

3. 大部分基层女公务员认为男性发展机会多于女性

关于男女公务员的培训机会是否有差异，80.8%的受访者（21人）

认为，在一般性培训方面，男女获得培训的机会没有差别。她们认为培训机会主要是由岗位和自身是否符合条件决定的，与性别关系不大，但值得注意的是，与升职有关的培训机会经常是男性多于女性。而19.2%的受访者（5人）则认为男女培训机会是有差别的，男性略多于女性。

4. 大部分基层女公务员认为基层工作对其发展有积极影响

69.2%的受访者（18人）认为在基层工作能积累工作经验，打下群众基础，也更加锻炼人，有助于提高处理问题的能力和沟通能力。但同时也有受访者表示，女公务员不能长期待在基层，应该有所发展。其中，有小部分基层女公务员认为，在基层工作对自己的家庭压力太大，担心到基层工作不易调动（见表10）。

表10　基层女公务员对在基层工作的看法

是否有积极影响	人数（人）	比例（%）
有	18	69.2
没有	5	15.4
视个人情况而定	3	11.5

5. 大多数基层女公务员认为妇女组织对其发展有帮助

调研结果显示，88.5%的受访者（23人）认为妇女组织对女公务员的成长有帮助。第一，妇女组织通过自己的行动既能促进性别平等，提高女性的参政比例，也能维护妇女权益，传达妇女诉求；第二，妇女组织提供了大量培训机会，提高了女性的综合素质，增强了妇女的主体意识和自我发展意识；第三，妇女组织更加了解女性，有助于解决其遇到的各种问题；第四，妇女组织通过向党委、政府和社会呼吁，不断改善妇女的形象，增强妇女的自信心，为基层女公务员发展提供帮助。但11.5%的受访者（3人）认为妇女组织的帮助不是很大，因为基层服从领导分配工作，妇女组织的影响不大。有受访者认为，妇女组织是培养女干部的主阵地。基层妇联通过组织培训和举办活动，来提升妇女的素质和涵养。同时，妇女组织通过维权，在基层女公务员遇到难题或不公正时，可通过乡镇妇联或县妇联向有关部门反映。

四 影响杭州市基层女公务员发展的因素分析

从以上访谈结果可以发现，影响杭州市基层女公务员发展的因素较多，既有积极因素，也有消极因素。积极因素包括女性自身的心理特点（如心思细腻）、家庭因素（如家庭的支持），以及目前正在执行的女性参政最低比例制度；消极因素也同样涵盖了女性的心理特点（如被动的动机）、生理特点（如生育）、家庭因素（如照顾子女）、文化因素（如"男主外、女主内"的性别角色定位）、组织因素（如主要的领导仍是男性而且女性自身也认同主要的领导应该是男性）。访谈结果显示，杭州市基层女公务员发展的不利因素是多于有利因素的，表明当前基层女公务员的发展情况并不乐观，需要采取有效措施提升女性自身的能力素质，并按照联合国《消除对妇女一切形式的歧视公约》的规定改进或出台更多有利于女性发展的政策或规定。要在政策上给予女性适度的倾斜来提高女性的参与度，适度的倾斜并不是降低用人标准，不构成对男性的歧视（张小莉，2010）。影响基层女公务员发展的因素，主要包括以下几个方面。

（一）怀孕和生育对基层女公务员的发展有很大影响

影响基层女公务员发展的个人因素包括生理因素和心理因素两个方面。从访谈的结果看，生理因素主要是怀孕和生育，而心理因素主要是求职动机、工作和家庭压力、职业期待和女性性格特点。

就生理因素而言，影响女公务员发展的主要是怀孕和生育，而非生理期。访谈结果显示，超过一半的受访者认为生育对女公务员发展有较大甚至很大的影响。怀孕和生育是大多数女性都需经历的，这通常会导致女性的职业生涯发生较长时间的中断，从而导致女性在工作和升职方面受到影响。如果算上哺乳期的影响，这种不利的影响会持续3~5年。相关研究认为，女性的职业发展呈现两个高峰和一个低谷的特点：两个高峰中第一个高峰指的是女性就职后到生育，第二个高峰则是孩子基本长大后；一个低谷指的是因生育和养育幼儿而引起的职业发展中断期（刘醒，2014）。实证研究也证明了生育对女性职业发展有不利影响，并且这种不利影响与出生的孩子的年龄相关：孩子的年龄越小，这种不利影响就越大（McIntosh, et al., 2012）。这进一步证明了生育对女性职业发展的限制性，因为随着孩子年龄的增大，生育和哺乳期对女性的影响逐渐下降。另外，许多研究都证实生育往往伴随着女性薪水的减少（Anderson, et al., 2008；Budig and England, 2001；Correll, et al., 2014）。有两项研究显示每增加一个孩子，女性的工资就会低5%左右（Anderson, et al., 2008；Budig and England, 2001）。

（二）心理动机和压力对基层女公务员的发展有很大影响

就心理因素而言，阻碍女公务员发展的因素主要是外在的求职动机、工作和家庭的双重压力、消极的职业期待以及软弱和优柔寡断的性格特点。访谈结果显示，没有任何受访者选择公务员职业纯粹出于内在动机，内外动机兼有的受访者也较少，大多数是出于外在动机，其中最主要的原因是稳定、收入和社会地位。2014年的一项元分析显示，内在动机是工作绩效的有效预测因子，而外在动机则影响完成工作的数量，内在动机和外在动机相结合对提高工作效率有重要作用（Cerasoli and Nicklin, 2014）。自我知觉理论认为，个体会通过观察自己的态度和行为来推测自身的内部状态，从而过强的外部动机会损害内部动机，因为显著的外部动机使得个体认为自己正是出于这些外部动机而从事某些工作的（Aronson, et al., 2006）。因此，女公务员基于求稳等因素而选择这一职业对其职业发展是不利的，有必要培养基层女公务员工作的内在动机。

访谈结果还显示，公务员生涯对基层女公务员而言是有压力的，而且压力通常比男性更大。根据压力的来源可以把女公务员承受的压力分为五大类：工作压力、家庭压力、社会压力、组织压力和自身压力。访谈结果揭示了基层女公务员的压力主要来自工作和家庭。工作压力主要是基层工作量大且琐碎，而家庭压力主要是女公务员在工作的同时需要兼顾家庭，这也体现出社会文化对女性的要求：照顾家庭主要是女性的职责，如果家庭照顾不当，那么即使在工作中取得成就，女性也不会被认为是成功的。家庭和工作的双重压力使得女公务员必须付出比男性更多的努力，但也未必能取得和男性相同的成就，从而影响了她们的职业发展。另外，有研究指出，工作压力一方面会导致职业倦怠，直接影响工作成效（Lloyd, et al., 2002）；另一方面也会影响公务员的身心健康。研究显示，长期的工作压力可能会导致心血管疾病、肥胖症、睡眠障碍、焦虑症、抑郁症甚至使死亡率上升（Ganster and Rosen, 2013；Tennant, 2001）。可见，压力对基层女公务员的发展有不小的影响。

（三）家庭因素是影响基层女公务员发展的重要因素

女公务员面临家庭和工作的双重压力。虽然如今越来越多的女性走出家庭，踏入工作岗位，但是家庭方面的负担并未减少，反而和工作负担一起给女性造成了双重压力，使女性需要进行工作和家庭"两轮班"的工作（Hochschild and Machung, 2012）。前文提到的关于女性职业发展两个高峰和一个低谷的现象，也可以认为是家庭因素对职业发展的影响：哺乳期内女性职业发展上的中断是因照料孩子而引起的。由于男性在职业发展上并没有中断的现象，而是从缓慢发展期到快速发展期最终到稳定发展期（刘醒，2014），因此也排除了女性职业发展的中断是由增添新的家庭成员造成的这种可能性。

然而，家庭方面的影响归根结底是由于传统文化中对"男主外、女主内""男尊女卑"等性别角色定位而引起的。如果女性的角色定位不在家庭之中，那么家务和子女教育等的分配将有两种可能性：一种是主要由男性承担，相当于"女主外、男主内"的角色定位；另一种是男女共同承担。在这两种可能性下即使女性还是需要承担家庭中的工作，但也有男性的帮助，从而会极大地减少女性所承担的来自家庭方面的压力，让女性有更多的时间和精力投入工作中，进而使得晋升的可能性增大。同时，在非"男主外、女主内"的角色定位下，父母对女性的职业期望将有所改变，组织上对主要领导应该是男性的刻板印象也将得到改善，从而为女性提供更多机会，扫除职业发展的障碍。

（四）传统文化对于男性的角色定位对基层女公务员的发展有很大的影响

社会文化因素一直是女公务员发展的不利影响因素，从调研结果可以发现，约一半的受访者在实际工作中还是感受到了"男权主义"和"男尊女卑"现象的存在，而且受访者普遍认为这种现象将阻碍女公务员的发展，打击女公务员的自信心，也使得她们需要付出更多的努力才可能取得和男性相同的成就。而女性如果在工作中表现得出色则可能被认为是女强人（聂林媛，2013）。对于女公务员易被认为是女强人的观念，受访者大多表示这会使女公务员有心理压力，不敢施展才华，害怕因为太出色而被认为是女强人。

（五）组织因素也是影响基层女公务员发展的重要因素

访谈结果显示，大多数受访者认为目前实施的领导班子中必须至少有一名女性这项规定对其职业发展是有积极正向作用的，但是其中也存在很明显的问题："至少有一名"往往变成了"必须一名，但不能再多"，而且选拔出来的女领导话语权不是很大，难以真正代表女性的利益。以往的研究也反映出这个问题，最低比例制虽有效，但还很不完善（张小莉，2010）。另外，也有部分受访者认为在基层工作虽能积累工作经验，锻炼工作能力，但也承担着更大的压力，升职也较为困难。

五　对策与建议

根据以上基层女公务员的发展现状、存在的问题以及分析结果，我们就基层女公务员的发展提出以下对策和建议。

（一）不断完善和执行保障女性平等参与管理的法律法规

政府应当充分考虑到目前实施的规定的局限性，在能力范围内完善或推出保障女性平等参政的法律法规，并注重法律法规的可操作性和确定性，避免模糊化的规定，以免造成执行上的困难和被主观解释甚至错误解释而损害女性的利益。同时，注重基层女公务员选拔的质量，切勿只为提高比例而滥竽充数，亦需避免特意将女性干部安排到不重要的岗位，以避免即使选拔了足够有能力的女干部，也仍不能切实地表达女性的利益诉求。另外，杭州市及其下属各级党委和政府必须意识到政策法规适当向女性倾斜是保障女性平等参政的必要举措，并不构成不平等对待。

（二）重视发挥基层女公务员的主观能动性

要在工作中重视培养基层女公务员的工作热情，让她们在工作中体会到工作成就感，通过培养自身对工作的兴趣，建立积极的职业动机，唤起基层女公务员的内在动机。避免基层女公务员把追求工作稳定，或者把工作当作谋生的手段。同时，在调动基层女公务员的工作积极性中，还应该注意根据女性的心理特点和能力发挥她们的性别优势。事实上，女公务员有着自身的优势，不应该要求她们在工作中一味地模仿男性的做事风格而失去自身的性别优势，也要教育基层女公务员，让她们不必恐惧被评论为女强人，在工作中大胆地施展自身才华。

（三）重视提升基层女公务员的综合素质，帮助她们处理好家庭和工作的关系

要重视基层女公务员不断学习、自我进取观念的形成，鼓励她们不断提升自身素质，增强业务能力，不能因工作较为稳定而不思进取。同时，通过各种途径，帮助基层女公务员处理好家庭和工作的关系。在家庭中扮演好女儿、妻子和母亲的角色，营造健康、和谐的家庭氛围，实现在家庭中的平等，进一步争取在社会上的平等；在工作中积极进取，放手工作，在做好本职工作的同时，不断拓展自身的业务范围，提高自身的业务素养，争取得到更好的发展。

（四）重视培养基层女公务员的领导力

应当注意的是，女性的心理特点对其发展有着积极的影响。女性心思细腻，善解人意，工作较为细致，自我要求也较高，这对于基层女公务员的职业发展是有帮助的。女性善解人意、体贴他人的心理特点与柔性管理"以人为本"的理念（余绪缨，1998）是相适应的。

因此，党委组织部门有必要在充分考虑女性生理和心理特点的基础之上，建立相应的关怀培养模式，加大对基层女公务员的培训力度，使其能更好地完成工作，并具备升职的必要能力和素质。这样就可以减少或消除女性职业发展过程中中断期的不利影响，使其有能力担任领导职务，为她们的职业发展打好基础，形成更多女性参政的新局面。

（五）将性别平等内容纳入领导干部培训课程

为消除落后的传统性别角色观念对基层女公务员的限制和阻碍，需要宣传先进的性别理念，让社会对基层女公务员和基层男公务员一视同仁，避免区别对待和对基层女公务员要求更苛刻的现状。在这个过程中，需要我们的领导干部熟悉先进的性别观念，了解国际上先进的性别发展方面的理论，主动关心基层女公务员的成长。因此，建议杭州市各级党校在设置课程和单位组织干部培训时，将与性别平等相关的内容纳入培训课程体系，提高领导干部在干部选拔过程中主动执行党和国家性别平等政策的自觉性，为基层女公务员发展创造更多的机会。

六　结语

近年来，杭州市在女性参政方面取得了一系列的进展，各级党政机构中的女性数量逐步上升。然而，由于受到长期的传统文化和社会刻板印象的影响，基层女公务员发展还存在诸多不理想的方面。考虑到促进基层女公务员的发展是提高女性参与决策和管理的基础，也是促进性别平等的重要举措，因此，探究基层女公务员的成长机制具有重大意义。以上研究表明，目前杭州市的基层女公务员发展既存在不利因素，也存在有利因素。因此，在今后的基层女公务员队伍建设过程中，我们应该充分调动积极因素，减少或消除消极因素的影响。相信通过不断的努力,杭州市基层女公务员会获得更多的发展机会,更多地参与决策和管理,性别平等程度也会越来越高。

参考文献

［1］ 蔡杰、侯公林、王佳伟、费晓燕:《女干部成长路径与机制的研究——以浙江省直机关为例》,《赤子》2014 年第 13 期。

［2］ 甘培强:《现代政府运作过程中基层公务员的定位和功能》,《政工论坛》2004 年第 1 期。

［3］ 国家统计局:《2013 年〈中国妇女发展纲要(2011～2020 年)〉实施情况统计报告》,http://www.stats.gov.cn/tjsj/zxfb/201501/t20150122_ 672472.html。

［4］ 国务院:《中国妇女发展纲要》,《司法业务文选》2011 年第 31 期。

［5］ 金静:《浅析我国女性参政中"权力尖端缺损"现象》,《重庆工学院学报》2007 年第 21 期。

［6］ 李晓霞:《中国基层公务员素质建设研究》,华东师范大学博士学位论文,2010。

［7］ 李永康、赵海燕:《女性公务员职务晋升存在的问题及对策》,《中国人力资源开发》2012 年第 10 期。

［8］ 梁旭光:《政治文明与权力领域的男女平等》,《妇女研究论丛》2004 年第 3 期。

［9］ 刘伯红:《半边天要顶破"玻璃天花板"——中外女性参政的进展与对策》,《中国行政管理》2003 年第 3 期。

［10］ 刘醒:《湖南省基层女性公务员职业发展实证研究——基于湖南省醴陵市的调查数据》,广西师范大学硕士学位论文,2014。

［11］ 聂林媛:《"女强人"定型之形成机制探究》,《前沿》2013 年第 13 期。

［12］ 屈继清、王远昌:《基础公务员的现状和未来》,《中国公务员》

1997 年第 2 期。

[13] 吴玲：《中国妇女参政及其影响因素分析》，厦门大学硕士学位论文，2005。

[14] 余绪缨：《柔性管理的发展及其思想文化渊源》，《经济学家》1998 年第 1 期。

[15] 张小莉：《现行干部选任机制下女性干部职业发展分析》，《领导科学》2010 年第 28 期。

[16] 张永英：《国内外有关妇女参政比例的规定及争论研究》，《妇女研究论丛》2005 年第 S1 期。

[17] Anderson, D. J., Binder, M., Krause, K, "The Motherhood Wage Penalty Revisited: Experience, Heterogeneity, Work Effort, and Work Schedule Flexibility", *Industrial and Labor Relations Review*, 2008, 56 (2).

[18] Aronson, E., R. D. Akert, T. D. Wilson, *Social Psychology*, Upper Saddle River, NJ: Pearson Prentice Hall, 2006.

[19] Budig, M. J., England, P., "The Wage Penalty for Motherhood", *American Sociological Review*, 2001, 66 (2).

[20] Cerasoli, C. P., J. M. Nicklin, "Intrinsic Motivation and Extrinsic Incentives Jointly Predict Performance: A 40-Year Meta-Analysis", *Psychological Bulletin*, 2014, 140 (4).

[21] Correll, S. J., Benard, S., Paik, I., "Getting a Job: Is There a Motherhood Penalty?" *American Journal of Sociology*, 2014, 112 (5).

[22] Ganster, D. C., Rosen, C. C., "Work Stress and Employee Health: A Multidisciplinary Review", *Journal of Management*, 2013, 39 (5).

[23] Hochschild, A. R., A. Machung, *The Second Shift: Working Parents and the Revolution at Home*, New York: Penguin Books, 2012.

[24] Lloyd, C., King, R., Chenoweth, L., "Social Work, Stress and Burnout: A Review", *Journal of Mental Health*, 2002, 11 (3).

[25] McIntosh, B., R. McQuaid, A. Munro, P. Dabir-Ala, "Motherhood

and Its Impact on Career Progression", *Gender in Management: An International Journal*, 2012, 27 (5) .

[26] Mitra, A. , J. T. Bang, A. Biswas, "Gender Equality and Economic Growth: Is it Equality of Opportunity or Equality of Outcomes?", *Feminist Economics*, 2015, 21 (1) .

[27] Pinder, C. C. , *Work Motivation in Organizational Behavior*, New York: Psychology Press, 2008

[28] Schein, V. E. , "A Global Look at Psychological Barriers to Women's Progress in Management", *Journal of Social Issues*, 2001, 57 (4).

[29] Tennant, C. , "Work-related Stress and Depressive Disorders", *Journal of Psychosomatic Research*, 2001, 51.

B.3
杭州市女大学生村官参与
基层组织建设研究

苏 洁 莫 锋 章幽兰*

摘 要： 本文从中央对大学生村官队伍的整体定位出发，在立
足大学生村官工作核心内容的基础上，结合杭州市农
村基层组织建设现状，深入分析女大学生村官参与农
村基层组织建设所发挥的作用和存在的问题，并对进
一步发挥女大学生村官在农村基层组织建设中的作用
提出具有针对性的意见和建议。

关键词： 女大学生村官 社会性别 基层组织建设

选聘高校毕业生到村任职是中央做出的一项重要战略决策。2008
年4月，中组部、教育部、财政部、人力资源和社会保障部四部门联
合下发了《关于选聘高校毕业生到村任职工作的意见（试行)》，全
面启动选聘大学生村官到村任职工作，拉开了大学生村官工作的序
幕。八年来，杭州市派遣了一大批年轻的大学生村官进入农村基层组
织，这对于改善杭州市农村干部队伍结构、推进社会主义新农村建

---

* 苏洁，杭州市党员干部教育中心远教科科长，助理研究员，研究方向：大学生村官、人才开
发与人才战略。莫锋，杭州市委组织部科技干部处处长，研究方向：人才开发和人才战略、
基层组织建设。章幽兰，浙江理工大学心理系在读硕士研究生，研究方向：管理与社会心理
学。

设、培养优秀后备人才起到了重要的作用。在派遣的大学生村官中，女大学生村官成为一支不可忽视的力量，她们运用自身独特的智力和心理优势，为推动杭州市农村经济社会发展做出了重要的贡献。以杭州市女大学生村官这个农村基层组织管理群体为对象，深入分析她们在参与农村基层组织建设中的作用、优势和存在的问题，不仅对农村基层组织具有重要的意义，而且对两性平等也具有非常重要的意义。

一　研究背景

研究女大学生村官参与基层组织建设，是夯实党在农村基层的执政基础、推进新形势下农村改革发展、建设社会主义新农村的必然要求。从党的基层组织建设来看，党的基层组织是党的全部工作和战斗力的基础，基层政权是国家政权的基石。2015年5月25~27日，习近平总书记在浙江考察时就抓好基层基础工作做出了重要指示。2015年6月5~6日，中央又在浙江省召开全国农村基层党建工作座谈会。会议提出要围绕发挥党组织战斗堡垒作用和党员先锋模范作用，强化问题导向、抓好责任落实、加大保障力度，全面提升农村基层党建水平，为促进农村改革发展稳定、协调推进"四个全面"战略布局提供坚强保证。2015年7月6日，杭州市委召开十一届九次全会，审议通过了《中共杭州市委关于全面加强基层党建巩固基层政权的决定》（简称"双基十条"），牢固树立了重视基层组织建设的工作导向。随着杭州市社会经济的不断发展，农村转型发展和产业调整的过程也特别需要坚强而有活力、有专业、有想法的年轻人进入农村基层组织，加强村民自治运行机制。大学生村官充实村级基层组织队伍后，改善了农村基层组织管理者的年龄和知识结构，加大了民主思想的宣传力度，将一些民主的思想和处事方式更多地融入农村工作中，提升农村基层组织民主化建设水平。从目前派遣的人员性别结构来看，无论是在大学生村官中还是在基层群众中，女性都在数量上占有一定优势，如何发挥女性大学生村官的作用，引导她们更好地参与基层组织建设，需要我们进行更深入的思考和研究。近年来，"人才困境"正在成为新农村建设中的最突出问题，当前杭州市农村基层组织建设中存在干部队伍结构不合理、领导农村发展的意识滞后、村干部政治理论素养欠缺、服务能力薄弱，以及村级组织班子后继乏人等问题。要实现党的十八届五中全会提出的到2020年全面建成小康社会的伟大构想，就必须有一支有抱负、有文化、有胸怀、有眼界的新一代村干部队伍。大学生具有思想活跃、知识丰富、眼界开阔、积极进取等特点，是极具潜力的知识型、综合型人才，大学生到村任职，为农村干部队伍注入了新鲜血液，增添了新的活力和生机，优化了农村基层干部队伍结构。同时，大学生村官也为未来公务员队伍提供了一支有基层工作经历、富于基层工作经验的后备队伍。截至目前，杭州市离岗的大学生村官中，63.5%考录了公务员和事业单位，其中有16人担任乡镇（街道）班子成员，3人担任县直部门班子成员。

中央领导非常重视大学生村官队伍建设。2014年1月，习近平总书记亲自给女大学生村官张广秀回信，勉励其"热爱基层、扎根基层，增长见识、增长才干，促农村发展、让农民受益、让青春无悔"。2014年5月30日召开的全国大学生村官工作座谈会上，中组部部长赵乐际同志明确了"培养干部人才"和"强基层组织、促农村发展、让农民受益"的工作定位，为做好大学生村官工作指明了方向。杭州市目前在岗大学生村官为1254人，其中女性为838人，占66.8%，并且近年来新选聘的大学生村官中，女性数量呈稳步上升趋势（如2014年新选聘的85人中女性为65人，占76%）。研究和实践都表明，在基层组织建设中，女大学生村官具有独特优势。与其他村干部相比，女大学生村官具有学历层次高、知识结构较完整、年龄结构年轻化等明显优势，尤其是其更具有职责意识，能够跳出狭隘的小利益群体，以整个村的全面发展、全体农民的共同富裕、较强的法律法规理念和科学民主的意识为出发点，为全村发展科学谋划。与男大学生村官相比，女大学生村官具有柔性意识优势，在工作态度、工作责任心、工作行为等方面的优势明显，其在农村基层工作中细腻、温和、有耐心，更具亲和力，能发现男大学生村官意识不到的问题，表达方式上也更容易让村民接受，还可以弥补农村社会主流中男权结构产生的盲点，促进新农村建设和谐发展[①]。但在基层工作中，女大学生村官往往存在工作参与边缘化、作用发挥不明显、上级使用有疑虑、自身定位不清晰等问题，研究女大学生村官参与基层组织建设，充分发挥女大学生村官的自身优势和特长，积极作为，为基层女性领导干部提供更多后备力量，对于未来杭州市的发展将具有十分现实的意义。

女性政治参与是影响农村基层民主自治的关键因素之一，相关研究显示，目前我国女性在农村基层参政中存在的问题主要有以下几个方面。一是传统的社会性别分工致使农村女性政治参与意识淡薄。"男主外、女主内"的社会性别分工在农村仍占主导地位，在这一社会性别分工模式的影响下，农村女性参与公共领域的活动较少，政治参与意识淡薄。二是政策实施不利致使出现"权利尖端缺损"[②] 现象。2010 年最新修订的《中华人民共和国村民委员会组织法》规定，"村民委员会成员中，应当有妇女成员"，然而在农村实际操作中，往往选择一名女性作为村委会成员，一般担任妇女主任或计生委员，限制了农村女性作用的全面发挥。三是文化素质低下致使农村基层女性执政能力偏低。人才外流造成农村"老年化""空心化"，留在农村的女性文化程度普遍偏低，以初中或高中为主，这在一定程度上造

---

① 黄利梅：《新农村建设时域下女大学生村官胜任力研究》，《探讨与研究》2014 年第 4 期。

② 祁胡、郭峤：《浅析女大学生"村官"在提高农村女性政治参与中的作用》，《长春教育学院学报》2011 年第 1 期。

成了农村女性参与村庄管理的能力有限。《杭州市"十二五"妇女发展规划（2011～2015年)》提出到2015年，在基层妇女干部培养上，女村主任占10%，而2014年中期评估情况显示，目前全市女村主任仅占2.66%，差距较大。因此，女大学生村官的出现，将社会性别理念纳入农村基层自治主流，颠覆了传统思想。同时，女大学生村官利用自身优势，传播新技术、新知识，提高了农村基层女性自身的文化素质，宣传了国家法律法规，为农村基层女性参政营造了良好的氛围，架通了农村基层女性政治参与的桥梁。总之，女大学生村官利用自身的优势，帮助农村基层女性扫除了政治参与的障碍，使其自觉加入到政治领域参政议政，从而进一步推动社会主义新农村的民主政治建设。因此，研究女大学生村官在农村基层组织建设中的作用，对于发挥女大学生村官的"鲇鱼效应"，团结引导更多女性和大学生回归农村基层具有重要的意义。

二 杭州女大学生村官参与基层组织建设的现状

（一）研究设计

1. 研究对象

目前杭州市在岗的1254名大学生村官，分布在杭州市13个区、县（市）以及杭州大江东产业集聚区、杭州经济技术开发区、西湖风景名胜区等16个地区和单位，其工作地有城市社区、农村社区和行政村等多种类型。根据中央和浙江省明确的2009年后新选聘的大学生村官一律安排到行政村工作的要求，以及城市和农村基层无论是在工作对象、工作内容还是在能力要求等方面都有很大不同，我们的研究从大学生村官的定位出发，立足发挥女大学生村官的核心作用，选取萧山区、余杭区、富阳区、桐庐县、淳安县、建德市、临安市、杭州大江东产业集聚区、西湖风景名胜区 9 个大学生村官工作地在农村社区和行政村的地区和单位的女大学生村官为研究对象，在范围上做到 9 个工作地所有在岗女大学生村官全覆盖，力求全面、客观、准确地反映女大学生村官的现状和参与基层组织建设的情况。

2. 研究方法

（1）文献资料法

通过文献数据库、期刊网、书籍、报纸、杂志以及网络资源对相关文献进行查阅和分析，了解我国女性基层参政情况、女性发展需要、社会性别理论，以及女大学生村官在基层组织建设中的优势和意义。

（2）问卷法

本次调查问卷共分四部分：第一部分是人口学数据，主要包括学历、专业、聘期、婚姻等；第二部分是工作情况，主要包括工作内容、胜任情况、自我评价、工作状态等；第三部分是培训情况，主要包括培训内容、师资要求等；第四部分是优势和困难，主要包括社会支持、社会地位、工资待遇、存在困难、主要优势等。共向 9 个工作地的女大学生村官发放问卷 446 份，收回 446 份，其中有效问卷为 406 份，有效率为91%。

（3）访谈法

针对问卷调查结果，突出问题导向，设计结构性访谈提纲，到相关区、县（市）或乡镇（街道）开展座谈交流和一对一访谈。访谈对象主要是在岗的女大学生村官、村书记或主任、乡镇（街道）分管大学生村官工作的副书记或组织委员，以及区、县（市）委组织部分管领导等。访谈内容主要包括女大学生村官参与基层组织建设的方式和途径、女大学生村官在基层组织建设中的优势和问题、对提升女大学生村官在基层组织建设中作用的意见和建议等。通过访谈，对问卷结果进行进一步印证和更为深入的分析，从而提出针对性强、可操作的建议。

（二）女大学生村官参与基层组织建设的状况

杭州市女大学生村官作为大学生村官队伍的重要组成部分，各级党委政府历来对其高度重视，无论是从制度设计上，还是从管理使用上，都主动为其创造条件、搭建平台，引导女大学生村官投身基层组织建设，加强实践锻炼，提升自身能力，实现自身发展和基层组织建设"两促进""两提高"。

1. 杭州市女大学生村官的基本情况

406名女大学生村官的地区分布情况见表1，其中本科及以上学历占95.57%。关于专业背景，社科类占39.66%，理工类占20.20%，农林牧渔类占2.22%，其他类占37.93%。关于聘期情况，处于第一个聘期占34.98%，处于第二个聘期占25.37%，任满两个聘期担任村"两委"及以上留村任职占39.66%。关于婚姻状况，已婚占58.13%，未婚占41.87%。

表1　女大学生村官分布情况

地区	人数（人）	占比（%）
萧山区	98	24.14
余杭区	92	22.66
富阳区	59	14.53
桐庐县	25	6.16
淳安县	50	12.32
建德市	22	5.42
临安市	35	8.62
杭州大江东产业集聚区	19	4.68
西湖风景名胜区	6	1.48

2. 女大学生村官的主要工作内容

研究结果显示，女大学生村官在村里的日常工作主要是负责党建团建（72.41%）、会议记录和档案管理（71.43%）、农村信息化建设（57.64%）、政策宣传和文娱活动（54.93%）等工作，计划生育及妇女儿童相关工作也涉及较多（23.15%），而对于农村扶贫和发展经济（6.16%）、基础设施和农房建设（12.32%）、农村合作社工作（9.11%）等与群众利益密切相关、相对复杂的工作参与程度较低（见表2）。

表2　女大学生村官目前主要负责的工作（可多选）

目前负责的主要工作	人数(人)	占比(%)
会议记录和档案管理	290	71.43
政策宣传和文娱活动	223	54.93
党建团建	294	72.41
农村信息化建设	234	57.64
计划生育及妇女儿童相关工作	94	23.15
农村合作社工作	37	9.11
法律援助工作	20	4.93
基础设施和农房建设	50	12.32
农村扶贫和发展经济	25	6.16
其他	99	24.38

对于影响女大学生村官全身心投入工作的主要原因，影响最大的三项分别是发展空间有限（56.65%）、收入较低（50.25%）、为准备考试不想全身心投入（38.42%）。萧山区新街街道一位女大学生村官在访谈中提到，"每个村官在农村付出的精力都不是一点点，承担的工作十分琐碎和繁重，但担当的都是小角色。我的主要工作是协助其他村'两委'，我坐在办公室里有做不完的具体工作，很多村民不理解我怎么一直坐在办公室，进了村'两委'之后业务活照样还得做"。另一位临近期满的女大学生村官说，"我们已经习惯农村的生活，但大学生村官期满解聘的政策让我们无奈，只能忙着应付考试，却不知道自己的未来在哪里"。通过对村干部和镇街干部的访

谈，他们对大学生村官的表现整体较为满意，但相当一部分村干部和镇街干部认为，无论男女，大学生村官到村任职是短期和过渡行为。一位村书记说，"镇里去年考走 5 个大学生村官，今年我们村的村官也走了，刚培养起来正顶用的时候就离开了，没办法"。还有一位村书记说，"我们的村官整天都在准备考试，对村务管理积极性不高"。由此可见，大学生村官队伍整体工作状态有待改变。

3. 女大学生村官在基层工作的优势

女大学生村官认为，作为一名女性，从事大学生村官工作的主要优势在于更多责任心（75.86%）、女性在处理矛盾中有自身优势（32.76%）、更少私心（27.09%）、安心扎根农村基层（23.65%）。同时，在对自身的能力评价中（满分为5），"工作细心耐心""有亲和力""积极上进""吃苦耐劳有拼劲"4 项都得到 4.5 以上，评分相对较低的集中在"有战略眼光""做事有魄力有远见""有创新精神"等方面（见表3）。这与访谈的结果也是一致的，但女大学生村官这些独特的优势目前还没有得到充分发挥，更多地起到"辅助""配合""润滑"等作用，独当一面的情况较少。

表3 女大学生村官自我评价情况

自我评价	平均分	标准差
工作细心耐心	4.56	0.66
有亲和力	4.61	0.65
文字功底强	3.93	0.81
做事有魄力有远见	3.65	0.80
积极上进	4.51	0.70
有战略眼光	3.60	0.83
有创新精神	3.77	0.84
吃苦耐劳有拼劲	4.50	0.71
沟通协调能力强	4.23	0.76
组织统筹能力强	4.14	0.77

4. 女大学生村官参与基层组织建设面临的困难

许多女大学生村官认为，作为一名女性，从事大学生村官工作的主要困难在于缺乏相关农业或创业等知识（41.87%）、女性参与农村事务较难（40.39%）、无法进入村"两委"且话语权不高（32.76%）（见表4）。

表4 女大学生村官从事基层工作的主要困难

主要困难	人数（人）	占比（%）
村民不理解、不支持	63	15.52
领导不理解、不支持	25	6.16
缺乏相关农业或创业等知识	170	41.87
无法进入村"两委"且话语权不高	133	32.76
想做些实事但缺乏资金支持	116	28.57
女性参与农村事务较难	164	40.39
其他	16	3.94

同时，女大学生村官认为进入村"两委"的难度较大（选择"较大""很大"的共占87.44%），且影响进村"两委"的主要因素是镇街党委政府是否支持（72.66%）、是否本村竞选（58.62%）以及个人表现（56.16%）。访谈中，女大学生村官普遍反映，能否进入村"两委"是其能否真正参与基层组织建设的一个关键环节，因为进入村"两委"就意味着分管了一块工作，村民能看得到自己在"做什么"和"做得怎么样"，而不是像做助理时工作杂乱琐碎，虽然忙村民却"视而不见"。

5. 女大学生村官对上级组织的期盼

无论是在问卷调查中还是在访谈中，女大学生村官都表达了对上级组织的期盼，主要集中在以下几个方面：明确工作职责和培养方向；政策上鼓励女大学生村官进村"两委"；提供更多的实践机会和平台，提高自身能力；完善大学生村官与上级领导对话、沟通机制，倾听女大学生村官的心声；等等。同时，在薪酬待遇、培训、管理考核、社会地位等方面也渴望得到进一步提升。

三 杭州女大学生村官参与基层组织建设存在的问题

虽然女大学生村官在参与杭州市农村基层组织建设、推进杭州市各地区农村建设进程中起到了不可或缺的作用，且随着大学生村官制度的不断完善，杭州市女大学生村官的作用也不断显现，但不可忽视的是，目前杭州市女大学生村官在参与基层组织建设方面仍存在一些有待改善的问题。

（一）从女大学生村官的自身因素来看

1. 女大学生村官的择业动机和价值取向同村官工作之间存在偏差

与王庆等（2011）[①] 对重庆大学生村官的调查结果相似，本次受调查的杭州市女大学生村官中抱着享受深造或报考机关事业单位享受优惠政策等目的选择做大学生村官的占到了 50.25%；另有 27.83% 的女大学生村官表示做大学生村官是出于就业压力大，将选择担任大学生村官作为自己职业生涯规划中的过渡或"跳板"；仅有 17.98% 的女大学生是由于热爱农村，为实现人生价值而选择担任大学生村官，这和应聘者对大学生村官聘任期满后的工作规划也是较为一致的。目前，65.52% 的女大学生村官都计划在村官聘任期满后参与公务员考试或去事业单位等其他单位工作，而仅有 24.38% 的大学生村

---

① 王庆、徐丽静、熊海、王佳：《重庆市大学生村官基层任职调查研究》，《高校辅导员》2011 年第 2 期。

官表示聘任期满后仍希望继续扎根农村基层。当然，这是由女大学生村官自身的择业取向决定的，但更大一部分原因是受大学生村官政策的限制。有女大学生村官提到，"希望在 6 年期满以后，能够给我们一条好的出路，或者能够使村官长期扎根在农村，适当提高待遇，使得我们没有一个彷徨的未来"，这样就可以免除大多数女大学生村官的后顾之忧。而目前对女大学生村官的管理模式需要她们自己为今后谋求出路，这种做法无疑会导致相当一部分比例的女大学生村官为参加公务员考试做准备而难以全身心投入村官的工作中，这会影响其作用的发挥。

2. 女大学生的专业背景与目前工作有所偏离

从知识背景来看，实际上，不仅仅是女大学生村官，大学生村官整体的专业背景和农村工作均有一定差距。吕洪良、吕书良（2009）[①] 的研究发现，一些大学生村官的专业技能偏离农村发展的需求，难以有效地发挥大学生的才干。有不少大学生村官认为，所学知识在农村发挥的作用较小，甚至很小。我们在对杭州市女大学生村官的问卷调查中也发现，仅有23.89%的女大学生村官认可"我的专业知识对做好大学生村官工作帮助较大"。虽然94.58%的女大学生村官仍表示能够胜任目前的工作，但是自身所具备的知识和担任村官所需要的相关知识存在错位，势必对女大学生担任村官、解决农村实际问题产生一定影响。

3. 部分女大学生村官的职业意识缺乏

通过调查研究我们发现，杭州市接受调查的女大学生村官中，61.33%的女大学生村官能够精神饱满、全身心地投入村官各个方面的工作，但19.70%的女大学生村官反映对工作有心无力、疲于应付，也有女大学生村官反映由于工作琐碎因此会感觉工作无趣、无

---

① 吕洪良、吕书良：《新农村建设与大学生村官政策》，《中州学刊》2009 年第 1 期。

聊。对农村基层组织工作缺乏兴趣,之所以从事村官工作就是为今后找工作过渡一下。

(二)从女大学生村官的工作内容和工作环境来看

1. 女大学生村官的作用没有充分发挥

同全国妇联开展的研究①结果类同,目前杭州市女大学生村官担任的大多是档案管理、党团建设、政策宣传等方面的工作,较少参与农村的基础建设,如农房建设、农村扶贫等,工作较难深入基层村民迫切需要解决的问题方面,因此可能会产生工作内容与村民亟待解决的需求有一定差距的问题,也会造成大学生村官与当地村民之间难以产生情感。而产生这种现象的原因,一方面可能是因为女大学生村官自身的专业背景和储备知识与农村基层工作有差距,因此较难深入基础工作;另一方面可能是由于工作任务的要求,女大学生文化水平较高,需要承担政策实施、信息化建设等方面的任务,而较少参与与农民生活休戚相关的农村基础建设和农村经济工作。

2. 对女大学生村官的培训尚显不足

前文提到,女大学生村官的专业背景和知识储备与村官工作并不能完全对接,因此,女大学生村官能否接受完善的相关培训,对她们能否尽快适应村官工作是一个非常重要的环节。接受问卷调查的杭州市女大学生村官中有部分反映自己并没有在工作中接受充分的培训(认为培训充分程度为"一般"及以下的占60.09%),这对本身就不具备农村工作知识背景和缺乏实际经验的部分女大学生村官来说,必须自己从头摸索,这无疑会在实际工作中遇到困难。从问卷其他项目的结果中也可以看出,26.11%的女大学生村官表示,由于缺少指

---

① 全国妇联组织部:《女大学生村官工作和生活调研情况报告》,《中国妇运》2013年第2期。

导和培训，自己难以全身心地投入工作中。

女大学生村官培训不足的问题其实并不只是杭州市面临的问题，吕膳先（2014）[1] 在调研中也发现，虽然大部分女大学生村官认为应该尽快完善村官培训机制，各地也对大学生村官进行了一些培训，但培训工作很多没有做到"点"上，也就是没有使村官的工作技能得到质的提高。因此，提高和改善针对大学生村官的培训质量是一个亟待解决的问题。问卷还调查了女大学生村官对培训人员的选择倾向，其中选择"优秀村干部""优秀大学生村官代表"的最多，占比分别为54.19%、58.12%，这说明女大学生村官更希望得到这类人员的言传身教。

3. 女大学生村官的待遇保障机制有待完善

从问卷调研的结果可以发现，大部分杭州市女大学生村官对工资待遇不满意或不太满意（选择"比较满意"和"满意"的仅占13.30%），对工资待遇的认可度得分仅为2.49。同样，受调查女大学生村官对大学生村官所处地位的满意度也并不高，认可度得分仅为2.47。平凡（2014）[2] 的研究指出，在现实层面上，工资待遇水平对大学生村官对自身生活状况的满意度起到了重要的作用。近年来，虽然各级党委、政府都很关心大学生村官的待遇问题，省、市政府也明确待遇标准，给予资金保障，但从调查结果来看，女大学生村官对工资待遇的满意程度仍不高，这对女大学生村官工作热情的提高、时间精力的投入、作用的发挥等都会产生影响。这个问题需要各级党委、政府给予高度关注。

4. 女大学生村官的发展空间有限

由于环境和自身的各种原因，女大学生村官开展工作会遇到诸多

---

[1]　吕膳先：《广西沿边地区女大学生村官增强参与村务管理能力的对策》，《广西经济管理干部学院学报》2014年第2期。

[2]　平凡：《"大学生村官"对新农村建设的作用与影响》，《安徽农业科学》2014年第31期。

困难。其中，进入村"两委"，获得更大的发展空间对女大学生而言就是一件较为困难的事情。接受调查的女大学生村官中有高达72.66%的人认为，"乡镇和街道党委、政府是否支持"是影响女大学生村官进村"两委"的主要因素，并且部分地域的女大学生村官还存在因户籍的限制而无法参与村委竞选、无法进入村"两委"的情况。大学生在就业时，未来的发展是其考虑的重点因素，因此，职业生涯发展也是女大学生村官面临的一个重要问题。实际上，孙会（2014）[①] 的研究也发现，女大学生村官期满后，留任村干部并不容易，因此许多女大学生村官对今后的职业生涯发展感到茫然，不得不将一部分精力放在寻找新工作上。

5. 女大学生村官仍因女性身份而受到各方面限制

作为女性，女大学生村官在从事工作时具有责任心强、细心耐心等优点。从许多数据和案例都可得知[②]，在农村文化建设方面，女大学生村官的一些特质能得到充分的发挥，在组织互动方面的能力、才艺甚至超过了男大学生村官。但实际上，在基层，我国妇女参与国家和社会事务决策的程度本身就较低[③]，而女大学生村官由于性别原因也受到各方面的限制。吕膳先（2014）[④] 认为，由于男性在经济生活中占据绝对的主导地位，再加上中国传统伦理中"男尊女卑"的观念根深蒂固，女大学生不得不面临困难的处境。一方面，由于客观工作环境的制约，农村工作免不了与繁重的体力活打交道或者需要身处一些意想不到的危险场合，这对于女大学生来说可能较难处理；另一

---

① 孙会：《女大学生村官职业发展困境研究》，《市场周刊》2014 年第 9 期。
② 骆江玲、严桦、杨明：《大学生村官制度的考量——从社会性别视角探讨女大学生村官对乡村的贡献》，《世界农业》2014 年第 4 期。
③ 李影：《论当前我国妇女政治参与存在的问题及对策》，《内蒙古农业大学学报》（社会科学版）2008 年第 1 期。
④ 吕膳先：《广西沿边地区女大学生村官增强参与村务管理能力的对策》，《广西经济管理干部学院学报》2014 年第 2 期。

方面，村民自觉或者不自觉地将女大学生村官排斥在政治权利体系之外。本次的调查结果表明，虽然分别有 88.18%、92.12% 的女大学生村官表示其工作能够得到村民、村"两委"的支持和认可，但仍有 11.82% 的女大学生村官认为自己的工作无法得到村民的支持和认可。进一步的 Kendall 相关分析发现，村民是否支持、村"两委"是否支持与杭州市女大学生村官的胜任性有显著的相关性（分别为 $r = 0.41$，$p < 0.01$；$r = 0.43$，$p < 0.01$）。此外，在部分村还存在认为女性只能担任妇女主任的偏见，工作地点交通不便、村民之间有矛盾，以及一系列复杂的问题等，也会影响女大学生对村官工作的投入程度。

四 对进一步发挥女大学生村官作用的意见与建议

综合上述分析，提高女大学生村官在基层组织建设中的参与度，更好地提升其能力、发挥其作用，需要党委、政府、社会和女大学生村官个人的多方协同、共同努力，通过更好地加强制度设计、营造社会性别环境、激发女大学生村官的内生动力等途径，来推动女大学生村官群体更好地在杭州基层组织建设中有为、有位、有贡献、有成长，从而成为杭州基层女性就业创业、参政议政的典范和代表，走出一条具有杭州特色、辐射影响全国的基层女性成长之路。

（一）优化选聘方式，严把大学生村官准入关口

强化大学生村官的入口管理，吸收优秀青年资源进入基层组织锻炼，保持大学生村官队伍的先进性，为这个群体在基层组织建设中发挥先锋模范作用打好基础。

1. 严把选聘质量关

大学生村官选聘由浙江省委组织部、浙江省人力社保厅统一部

署，各级组织人社部门严格按照规范程序进行。杭州市自 2011 年以来，严格按照大学生村官选聘要求，选聘对象条件为 30 周岁以下、全日制普通高校本科及以上学历毕业生，坚持中共党员、优秀学生干部和回原籍优先的原则，注重从重点院校及基层急需专业的毕业生中选聘。2014 年首次对选聘岗位进一步提出专业要求，选聘了一批涉水类、涉农类、城镇化建设类、电子商务类大学生村官，进一步提高了大学生村官的人岗相适度，优化了大学生村官队伍的专业结构和素质。下一步，在选聘生源上要进一步提高标准，如必须满足大学本科及以上学历、学生党员或优秀学生干部两个基本条件。同时，结合杭州市各地农村改革发展需要，提高理工类、涉农类专业比例；对具有研究生学历和"985""211"高校的毕业生，在岗位录取及分配上优先考虑。

2. 优化选聘方式

在调研中发现，很多女大学生村官对于未来的出路和发展方向还是比较迷茫的，她们更多地选择考试，进而影响了其在基层组织中作用的发挥，这其实与大学生村官制度设计不无关系。《关于进一步加强大学生村官工作的实施意见》（浙委办〔2012〕121 号）规定，"任满 1 个聘期、考核称职的，可按照有关程序续聘。任满 2 个聘期、未担任村'两委'委员及以上职务的，原则上不再续聘"。可见，大学生村官任满 6 年后的出路存在很大的不确定性。2015 年，浙江省首次面向应届优秀高校毕业生招考 200 名选调生村官，专业要求为法学、农学、管理学、理学、工学、经济学六大基层一线有需求的学科。经录用的人员将在所报考县（市、区）范围内统一接受调配，入编为乡镇（街道）公务员，并下派到村，担任大学生村官 3 年。任期内，村官将不得借调到乡镇及以上机关工作，并同时执行大学生村官管理的基本规定。3 年后，选调生村官将回所在乡镇（街道）工作，并保留选调生身份。这对于改进大学生村官选聘方式而言，是一种有益的尝试,山东等地已有成功经验。更重要的是,通过选调生村官招录来的大学生村官,既满足了基层对大学生的需求,村官本身也没有了对出路的担忧,将有利于其在深入基层、服务基层组织建设上放开手脚、发挥作用。

3. 提供现实工作预览

提前向高校毕业生清晰、真实、直观地呈现村官工作的现实图景、工作条件和职业蓝图,减少信息"不对称"。如在选聘过程中展示与村官岗位相关的各种内容,包括村官岗位对知识、技能和能力的要求,以及工作责任和任务、考核标准、薪酬待遇、职业生涯发展等信息。同时,告知其农村工作的客观条件,既展现农村创新创业的广阔天地,也坦陈利弊,吸引真正有志到农村基层干一番事业的大学生,使他们心甘情愿地服务农村、奉献农村。

(二)强化主体意识,激励女大学生村官干事创业

1. 优化教育引导

目前杭州市各级对大学生村官的教育培训,更多的还是侧重专业知识、岗位技能的训练。然而,调查表明,除了知识和技能,需要加大对大学生村官的理想信念教育培训力度,引导大学生村官在思想意识上珍惜岗位,以积极的心态主动融入村民、村干部中,从而帮助他们找准村官的角色定位,把农村一线的实践与自己的理想抱负紧密结合,做到既能身处基层,又能真正融入农村。同时,要加强情感关怀,各级党委、政府要带着深厚的感情,像父母对待自己的孩子一样,从政治上、思想上、工作上、生活上关心大学生村官,做到真正重视、真情关怀、真心关爱,增强大学生对农村工作的认同感、归属感和责任感。还要带着深厚的人情,关心大学生村官的恋爱婚姻问题,要特别重视女大学生村官的安全问题。

2. 落实待遇保障

近年来，杭州市积极探索大学生村官工资自然增长机制，逐步调整和提高了大学生村官的工资待遇，大部分地区和单位的大学生村官的收入已达到当地乡镇（街道）试用期满新录用公务员的工资收入水平。同时，参照企业同类人员标准为其办理"五险一金"和人身意外伤害商业保险。要严格落实薪酬待遇保障制度，健全大学生村官工资待遇、社会保障、体检等保障制度，完善大学生村官工资待遇动态增长机制，从经济上保障大学生村官安心工作。

3. 选树优秀女村官典型

开展大学生村官评定或表彰活动，发现和选树一批群众认可、扎根农村、业绩优良的典型，予以表彰宣传，积极推荐议事能力强、综合素质高的大学生村官加入各级人大代表、党代会代表、团代会代表人选。杭州市有2名女大学生村官成为浙江省十二届人大代表，在女大学生村官中产生了强烈的引领作用。通过选树优秀女大学生村官典型，宣传优秀女大学生村官扎根基层、服务群众的事迹，强化女大学生村官内在争先意识，增强其干事创业、扎根农村的信念，引导其树立积极向上的目标和志向，勇于在农村广阔的天地里施展才华，实现目标，建功立业。

4. 营造良好的社会氛围

加强宣传大学生村官工作，通过电视、报刊、网络等各类媒体，宣传大学生村官成长成才的故事，营造良好的舆论氛围和社会氛围，增强社会各界对大学生村官的价值认同，使大学生村官有光荣感、使命感和成就感。要把中央和省委的村官政策列入基层干部培训内容，强化基层干部扶持村官、帮带村官的责任感，在对乡镇（街道）基层干部的考核中，要把对大学生村官的帮带列入考核内容。同时，要广泛宣传社会各界女性，尤其是基层女性干事创业的先进典型，在全社会营造良好的社会性别环境。

（三）强化培养使用，提升女大学生村官服务基层组织建设的能力

1. 落实成长导师制

当今的女大学生大多没有吃过苦，家庭条件优越，农村生活、锻炼经验缺乏，需要一段适应过程和成长历练。她们在农村担任村官工作是直接与百姓面对面的，这就需要有沟通和管理能力；要带领农民致富，她们还需要一定的经营头脑和市场意识。但所有这些知识是在书本上学不到的，需要在实践中摸索和积累。因此，要普遍建立帮带制度，明确乡镇、村干部与女大学生村官结对，采取"手把手、一对一、师傅带徒弟"的模式，进行传、帮、带。如由村书记、村主任担任女大学生村官成长导师，明确"一对一"的实效型成长导师制，区、镇（街）两级加强关心指导。村主要领导对女大学生村官的直接联系帮带，既要联系工作，更要联系思想，帮助大学生村官尽快进入角色、快速打开局面，并且引导其树立正确的人生观、事业观、价值观。

2. 分类培训指导

将大学生村官纳入干部教育培训规划和农村实用人才培养计划，市、区县（市）和乡镇（街道）三级建立起培训网络体系，有针对性地开展分层、分类培训。针对女大学生村官的特点，以及选调生大学生村官、乡镇事业编制大学生村官和普通大学生村官的不同类型和能力特长，逐步建立大学生村官的多元化培养链条，着力打造社会管理型、创业致富型、专业技术型、党政后备型"四型"人才，多元化配套锻炼发展措施，打造基层干部培养的"蓄水池"，为基层组织全面发展打下基础。

3. 强化锻炼使用

为帮助大学生村官早日成长成熟，要有计划地让大学生村官参与

征地拆迁、社会治安、计划生育、矛盾调解等工作，使他们在急、难、险、重任务中接受磨炼，增长才干。如杭州市富阳区富春街道一位女大学生村官到街道重点工作的一线挂职锻炼回来后说，"3个月的挂职，我参与了上门协调、发放安置款等征地拆迁工作，累计走访拆迁户400余次，协助所在小组完成了93户近4.2万平方米的拆迁任务，通过接触拆迁这种环境最复杂、矛盾最尖锐、利益冲突最严重的工作，逐步在实践锻炼中摸索出自己的一套方法，收获巨大"。同时，在前两年开展的"争当'泥腿子'村官""千名村官进万户"等主题实践活动的基础上，创设有效活动载体，切实引导大学生村官参与中心工作，加深与基层群众的感情，增强服务基层群众的能力。淳安县千岛湖镇一位女大学生村官说，"与百姓的感情是走路走出来的、聊天聊出来的、办事办出来的，吃得上农家饭、说得上村里话是我参加'泥腿子'村官活动最大的收获"。

4. 深化自主管理

在健全管理考核办法的同时，要积极推动大学生村官开展有效的自主管理。搭建大学生村官交流互动平台，强化各地"俱乐部""班委会""联谊会"等平台组织的作用，进一步推进大学生村官进行自我组织、自我管理和自我教育，通过结合基层中心工作开展各项活动、组织文体公益活动、举办实用培训班等，丰富大学生村官的业余生活，带动大学生村官群体的干事氛围，进一步提高其综合素质。

（四）拓宽发展渠道，搭建女大学生村官成长成才平台

1. 为女大学生设立职业规划

对大学生村官成长发展进行规划，要从组织规划和个人规划两方面入手。组织规划，重在规划大学生村官的培养成长路径；个人规划，重在引导大学生村官进行聘期工作规划和出路择业规划，让大学生村官安心工作、干有目标，真正做到村官一任、为民一方、受益终身。

2. 支持大学生村官进入村"两委"班子

我们在调研中发现，能否进入村"两委"班子，对于女大学生村官能否更好地发挥作用意义重大。通过将热爱农村基层工作、工作表现突出、群众认可的大学生村官调回户籍所在村或与后备人才缺乏跨村交流，以及女大学生村官与村妇女委员专职专选相结合等途径，鼓励优秀大学生村官在法定程序中选进村"两委"。当优秀大学生村官遭遇难进村班子的客观困难时，组织可采取任命的形式帮助优秀女大学生村官进入村党组织班子，为其干事创业创造条件。

3. 拓宽期满流动路径

在继续按规定做好大学生村官"五条出路"工作的同时，落实"考录输送一批、留村任职一批、推荐择业一批、创业发展一批、转任社工一批"等分流措施，积极探索期满大学生村官出路安置办法。如每年组织开展面向大学生村官公开招聘乡镇（街道）事业单位工作人员活动，鼓励区、县（市）加强对期满和即将期满大学生村官的实用技能培训，结合自身特点专长，提高期满后的再就业能力。加强与社会组织、企业的对接沟通，会同人社部门组织开展期满大学生村官专场招聘会，积极帮助推介就业，引导多样化发展。探索期满大学生村官转聘农村社区工作者通道，期满大学生村官有较丰富的基层农村工作经验，期满离岗如能转为农村社区工作者，并入社会工作人才的职业发展轨道，对于女大学生村官未来的发展可能会是一条比较理想的渠道。

五　结语

党的工作最坚实的力量支撑在基层，经济社会发展和民生最突出的矛盾和问题也在基层，全面加强基层党组织建设，提高基层党组织的凝聚力和战斗力，需要发挥每一名基层工作人员的力量和智慧，女大学生村官作为一支年轻的、富有活力的队伍，如何充分认识和运用自身优势，在基层组织建设舞台上锻炼提升、成长成才、有所建树，既需要各级党委、政府和社会给予更多的关注，也需要女大学生村官进行更多的思考和努力。

参考文献

［1］黄利梅：《新农村建设时域下女大学生村官胜任力研究》，《探讨与研究》2014 年第 4 期。

［2］陆作人：《大学生村官在农村基层党组织建设中的作用》，《盐城师范学院学报》2013 年第 2 期。

［3］殷殷：《大学生"村官"与农村基层组织建设——以苏北农村为例》，《发展战略》2008 年第 6 期。

［4］祁胡、郭峤：《浅析女大学生"村官"在提高农村女性政治参与中的作用》，《长春教育学院学报》2011 年第 1 期。

［5］王郁芳：《女大学生村官社会支持体系的构建》，《山东女子学院学报》2010 年第 6 期。

［6］沈蓓绯、纪玲妹：《女大学生村官创业实践平台搭建的实证研究——以江苏省常州市为例》，《山东农业大学学报》（社会科学版）2011 年第 4 期。

［7］吕膳先：《广西沿边地区女大学生村官增强村务管理能力的对策》，《广西经济管理干部学院学报》2014 年第 2 期。

［8］董江爱、李利宏：《公共政策、性别意识与农村妇女参政——以提高农村妇女当选村委会成员比例为例》，《山西大学学报》（哲学社会科学版）2010 年第 1 期。

［9］陈聪：《新上岗女村官的政治参与行为分析——基于福建省女村官的实证调查》，《江西青年职业学院学报》2008 年第 1 期。

［10］汪力斌、宫君、陈婷婷：《女村官参政执政的过程、特点和困难分析》，《农村经济》2007 年第 10 期。

［11］陈福英：《性别棱镜透视下的女村官政治参与——基于福建省的实证分析》，《中共福建省委党校学报》2007 年第 12 期。

［12］胡桂香：《从"缺席"到"在场"——女大学生村官对农村妇女公共参与的影响》，《中华女子学院学报》2010 年第 1 期。

［13］单媛：《关于新农村建设中女村官培养长效机制的思考》，《创新》2010 年第 3 期。

［14］骆江玲、严桦、杨明：《大学生村官制度的考量——从社会性别视角探讨女大学生村官对乡村的贡献》，《世界农业》2014 年第 4 期。

［15］李影：《论当前我国妇女政治参与存在的问题及对策》，《内蒙古农业大学学报》（社会科学版）2008 年第 1 期。

［16］平凡：《"大学生村官"对新农村建设的作用与影响》，《安徽农业科学》2014 年第 31 期。

［17］孙会：《女大学生村官职业发展困境研究》，《市场周刊》2014 年第 9 期。

［18］王庆、徐丽静、熊海、王佳：《重庆市大学生村官基层任职调查研究》，《高校辅导员》2011 年第 2 期。

［19］吕洪良、吕书良：《新农村建设与大学生村官政策》，《中州学刊》2009 年第 1 期。

［20］全国妇联组织部：《女大学生村官工作和生活调研情况报告》，《中国妇运》2013 年第 2 期。

B.4
社会性别视角下的女性社区参与[*]

——基于杭州市城乡社区的对比考察

周　燕[**]

摘　要： 本文通过问卷调查和访谈法调查研究杭州市女性城乡社区参与情况，对杭州市女性城乡社区参与现状进行了实证研究，主要从参与结构、参与方式、参与意识、参与动机、参与效果、参与优势及障碍六个方面做了横向比较。研究发现，由于社区治理结构和内容、性别观念和个体素质等主客观条件的不同，城区女性的社区参与比例、参与意识、参与方式和效果等考察指标相对于农村女性普遍略高，但在个别指标上也存在例外。本文针对调研结果，在对城乡女性社区参与对比分析的基础上，找出存在差异的原因，进一步提出了解决问题的意见和建议。

关键词： 社会性别　城乡社区　女性社区参与

一　背景

长期以来，女性的社会参与被视为提升女性地位的重要内容，是

* 浙江音乐学院2015年科研项目。
** 周燕，浙江音乐学院讲师。

衡量国家文明进步和政治民主化程度的重要标志。然而，相对于我国社会经济发展，妇女参与公共管理的比例却呈现下降的趋势。有关调查显示，我国女性参政比例位次的国际排名呈下降趋势：1994 年排在第 12 位，2002 年下降到第 28 位，2004 年下降到第 38 位[①]，这与我国的国际地位是极不相称的。

女性参与基层社区治理是女性从事社会管理的重要组成部分。改革开放以来，我国城市基层社会管理体制经历了从单位制、街居制到社区制的变迁。而在我国的社区建设与发展过程中，女性的作用不可忽视，甚至在某种程度上可以说，社区的诞生与成长与女性的参与和贡献密不可分，很难想象，没有女性参与的社区管理会是何种情形。与其他层面的管理相比，女性对社区的贡献尤其突出。因此，本文选取杭州市西湖区、下城区、拱墅区、临安市、桐庐县 5 个地区的部分城乡社区，通过问卷调查法和访谈考察法对城乡社区女性参与管理进行比较研究，以期进一步梳理女性社区参与现状，提高杭州市女性社区参与的整体水平，推动城乡社区的建设和发展。

本文所提到的女性社区参与是指城乡社区女性居民出于一定的意识和动机，以主动或被动的方式，在现有体制内参加社区内集体经济管理、治安卫生、关系调解等事务的决策、实施、管理和监督的过程[②]。在当前我国社区建设与发展的背景下，女性社区参与的内涵主要包括以下几个方面。第一，从参与的主体来看，城市女性社区参与者一般包括社区有关组织成员、专职社区女性工作者和女性志愿者。农村社区女性参与者队伍目前主要包括村级自治组织女干部和党团成员。第二，从参与的内容来看，城乡女性社区参与具体包括集体经济管理、社区治安、计划生育、文化卫生、关系调解、家政服务等社区

---

① 《社会性别与发展在中国》，http：//www. china - gad. org/Treasure/ShowArticle. asp？ArticleID = 3967。

② 中国社区参与网，http：//www. communityaction. org. cn。

公共事务的各个方面。第三，从参与的性质来看，女性社区参与有对社区公共政策制定过程的参与，也有对具体执行过程的参与，还有对监督工作的参与。第四，从参与的内在因素来看，女性社区参与是与一定的意识和动机结合在一起的。第五，从参与的形式来看，女性社区参与可以划分为主动型参与和动员型参与、体制内参与和体制外参与、长期参与和短期参与等诸多方式。

社会性别理论是在女权主义运动的实践中发展起来的并对这一运动起着重要指导作用的核心观念体系。其主要观点包括：制度因素和文化因素是造成男性与女性的角色和行为差异的原因；社会对妇女角色和行为的预期往往是对妇女生理角色的延伸；等等。在实际生活中，女性社区参与难免受到传统性别观念的影响，产生对社会性别定型和僵化的认识的社会性别盲点。故社会性别视角的提出，构建了人类新的性别观，着重提高女性的性别敏感度，为人们重新审视妇女问题提供了一个全新的视角。因此，本文在访谈、问卷分析中融入了这一概念所内含的分析框架（见图1），以探寻性别观对女性社区参与的影响。

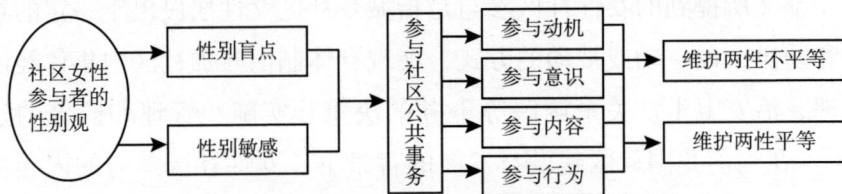

图1 社会性别视角下女性社区参与的研究框架

二 研究方法与研究视角

（一）问卷调查法

本文选取了杭州市西湖区、下城区、拱墅区、临安市、桐庐县5

个地区若干城乡社区的女性党政干部、志愿者、居民为调查研究对象。共发放问卷 1000 份，回收问卷 985 份，问卷回收率为 98.5%。其中，有效问卷为 955 份，有效率为 95.5%。

（二）访谈法

主要对研究样本采集点社区的 35 位女性管理者进行了深入访谈，每位访谈时长约 1 小时；对于访谈录音识别模糊之处，后期通过电话联系进行核实。访谈具体流程为：由课题组先期设计访谈提纲，与访谈对象约定时间和地点，访问结束后征得受访者许可保存访谈录音，并将所得材料归纳整理成逐字稿，经受访对象确认信息准确无误后，将其作为本文实证研究的基础，据以系统地归纳、论证分析后最终形成研究成果。

（三）研究视角

本文以城乡社区女性为研究对象，从城乡社区两个维度比较和男女性别考察的视角来管窥女性社区参与的整体状况。因此，本文主要的研究视角为城乡社区二元分析法和社会性别分析法，即从城乡社区对比和男女性别差异的视角探讨影响女性社区参与的政治因素、经济因素、社会因素和文化因素。

三　杭州市城乡女性社区参与的现状

（一）女性社区参与的结构和内容

女性社区参与作为一种公共参与行为，其水平受很多因素的影响。这些因素首先体现在参与人数比例和参与内容层次上。在某种意义上，社区参与人数的多寡、内容层次的高低代表了女性社区参与的水平。本研究结果显示，两类社区女性在参与人数比例和参与内容层次上呈现以下特点。

1. 城市社区女性参与人数比例高于农村社区女性

通过调查发现，在社区专职干部和志愿工作者队伍的性别比例上，城市社区和农村社区存在明显差异。城市社区中女性专职干部和长期志愿者在社区总数中的占比达到56.9%，高于农村社区的36.6%。

2. 城乡社区女性参与的结构层次不同

农村社区女性参与之所以能达到36.6%的比例，与农村社区中原来各行政村主管计划生育的妇联干部较多有关。在农村社区经常性参与社区管理事务的53名女性中，妇联干部达到23名，占43.4%。除此之外，社区党委班子、村委会成员、村民组长、股民代表中女性人数均低于这一比例。而在城市社区，女性在党委班子、居委会成员、居民组长、居民代表中均占据一定比例，其参与范围较为平均。城乡女性社区参与者的职务比例见图2。

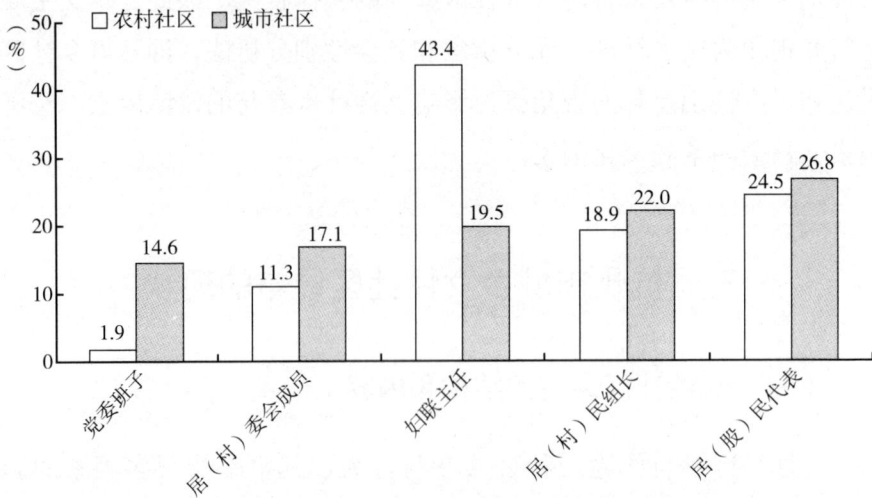

图2 城乡女性社区参与者的职务比例

3. 城乡社区女性参与者承担的功能任务明显不同

在样本研究中，我们发现农村社区女性以承担计生和妇女工作为主。由于受到杭州市旅游西进战略与滨江区开发等政策影响，农村社区女性也承担着一定比例的合作经济管理和征地拆迁等经济管理职责①。而城市社区的女性主要侧重参与社区服务工作，从调研社区专职女干部分管的工作内容来看，文化卫生、物业管理、调解关系等公共服务事项已成为她们日常的核心工作②。城乡女性社区参与的内容见图3。

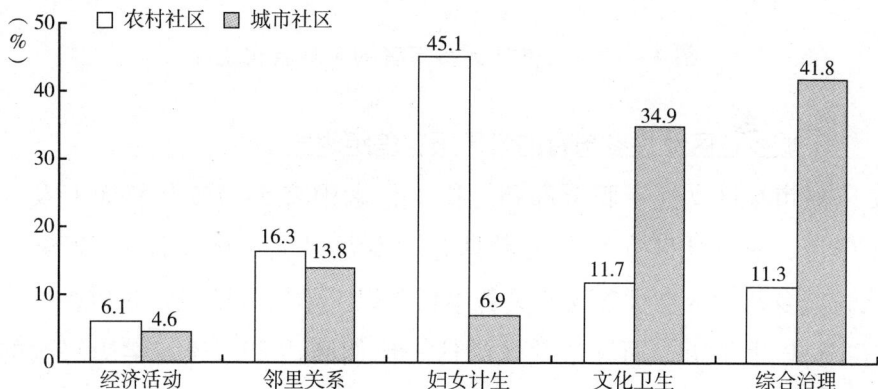

图3　城乡女性社区参与的内容

4. 城乡社区女性参与者的年龄结构分呈"橄榄"型和"金字塔"型

在社区女性专职干部和志愿工作者的年龄层次上，农村社区女性的年龄以36~45岁为主，年龄结构呈"橄榄"型分布。城市社区女性的年龄和参与人数具有正相关特征，参与者以56岁及以上为主，年龄结构呈"金字塔"型分布（见图4）。

---

①　"我们这个社区跟城里的社区有点不一样，现在虽说是社区，但我们不光从事社区服务，还有经济发展、股份经济等，这些都是相挂钩的。我们的班子共有6个人，可用资金有364万元，非常多了。"（藤杏娥，农村社区）。

②　"主要负责社区服务工作，比如我们开展的民政工作，还有咨询服务、绿化、卫生等方面……"（徐娴，城市社区）。

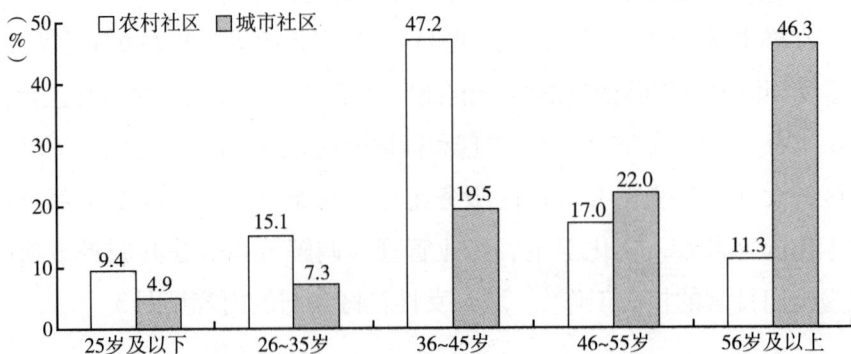

图4　城乡女性社区参与者的年龄层次统计

5. 城乡社区女性参与者的学历层次差距明显

城市社区女性专职干部和志愿工作者中有 54.7% 具有大专及以上学历，农村社区女性参与者具有大专及以上学历的仅为 12.6%。比较城乡两社区女性参与者具备本科及以上学历的情况，农村社区没有本科以上学历，而城市社区的这一比例高达 29.2%，学历层次的差距较为明显（见图5）。

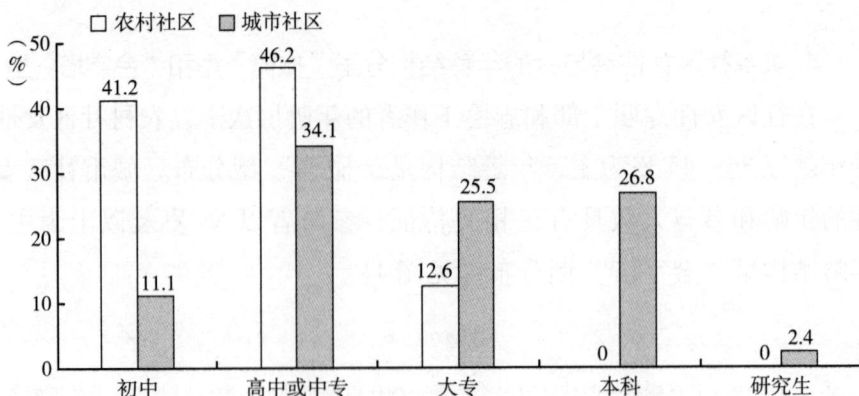

图5　城乡女性社区参与者的学历层次

6. 城乡社区女性参与者的参与年限分布不均

在参与年限上，农村社区女性的参与年限以 1 年及以下和 5 年及以上为主，集中在头尾两端。20 世纪 80 年代恢复村民自治和 2005 年推进新农村建设进程，对于农村女性社区参与有一定的助推效果。城市社区女性的参与年限则与城市社区建设进程相吻合，基本分布在 3~5 年的范围内（见图 6）。

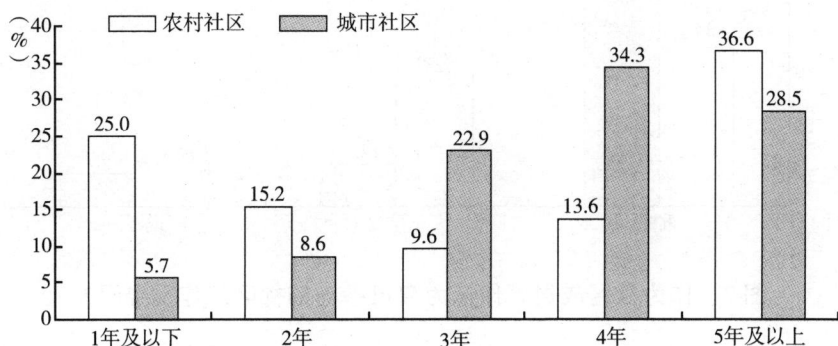

图 6　城乡女性社区参与者的参与年限

（二）社区参与的意识

社区参与意识是指社区女性对参与社区管理问题的观念和思想，对女性参与行为具有反作用。女性的社区参与意识直接体现并影响其社区参与程度，也反映出女性的自我觉醒程度。基于此含义，我们在调查中围绕这些方面专门设计了一组问题。

问题 1：“作为社区成员，你认为自己参与的社区工作重要吗？”

在“作为社区成员，你认为自己参与的社区工作重要吗？”这个问题上，城市社区近 80% 的女性选择了“重要”，选择“不重要”的占 12.2%，选择“说不清”的占 9.7%。农村社区女性选择“重要”的占 47.2%，选择“不重要”的占 39.6%，选择“说不清”的占 13.2%（见图 7）。这表明在社区治理中城乡女性参与者的公民意识程度存在差异。城市女性更认可参与社区工作的重要性，因此所体现的公民意识要高于农村社区女性参与者。

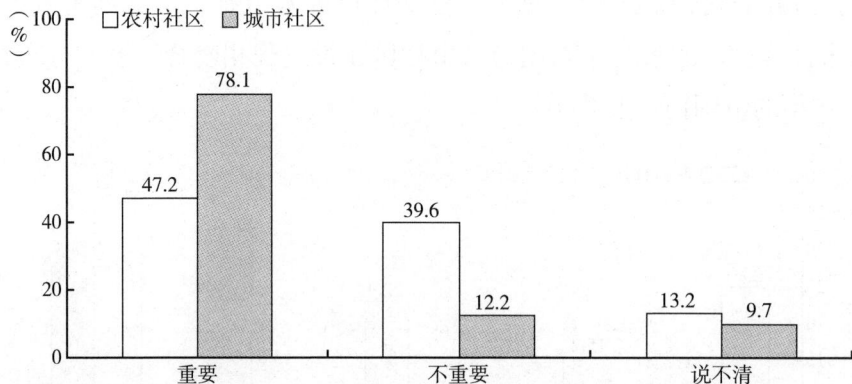

图 7　作为社区成员，你认为自己参与的社区工作重要吗？

问题 2：女性的社会地位不能高于其丈夫，你认同吗？

在"女性的社会地位不能高于其丈夫，你认同吗？"这个问题上，绝大多数受调查的城市社区女性持明确的反对态度，不认同的超过九成，仅不足一成表示认可。反观农村社区，却有近六成女性对这一问题表示认同（见图 8）。

问题 3：是否能经常从女性的立足点出发，替女性考虑？

在"是否能经常从女性的立足点出发，替女性考虑？"这个问题上，农村社区 90% 以上的受访者选择了"经常想到"和"有时候会想到"，选择"没有想到"的仅占 5.7%。城市社区受访者选择"经常想到"的比重最高，达到 48.8%；选择"有时候会想到"和"没有想到"的比重分别为 39.0% 和 12.2%（见图 9）。

问题 4：有无从女性角度提出的建议？

在"有无从女性角度提出的建议？"这个问题上，农村社区只有 39.2% 的受访者提过涉及妇女利益维护的建议，大部分人较少关注妇

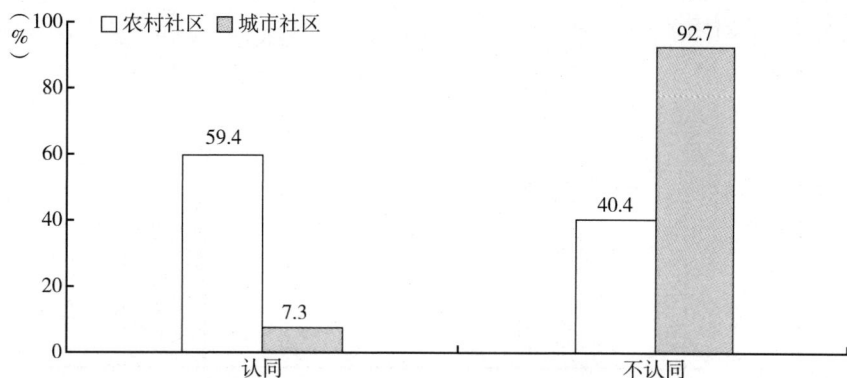

图8　女性的社会地位不能高于其丈夫，你认同吗？

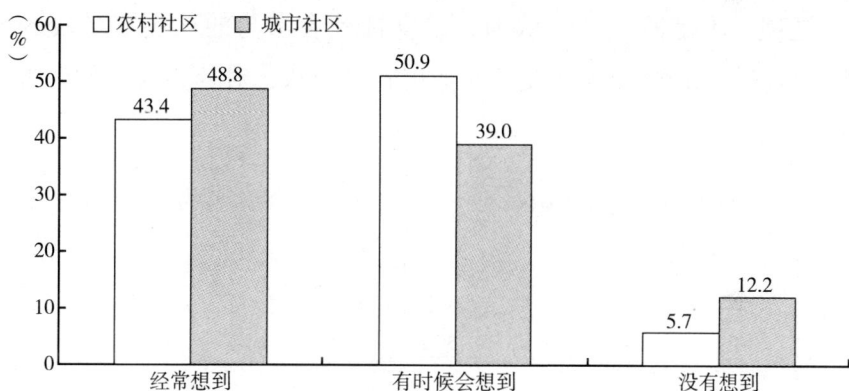

图9　是否能经常从女性的立足点出发，替女性考虑？

女发展和保护领域的问题。城市社区中则有近2/3的受访者曾经从女性角度出发提过相关建议，并积极实践（见图10）。

问题5：你对女性从政比例有何看法？

在"你对女性从政比例有何看法？"这个问题上，农村社区近四成女性认为现有的比例安排尚不能满足女性参与社会管理的需要，要求提高比例，赋予更多女性社会参与的可能性，此外有近六成女性认为该比例合理。而在城市社区则有超过六成女性选择了"应提高"

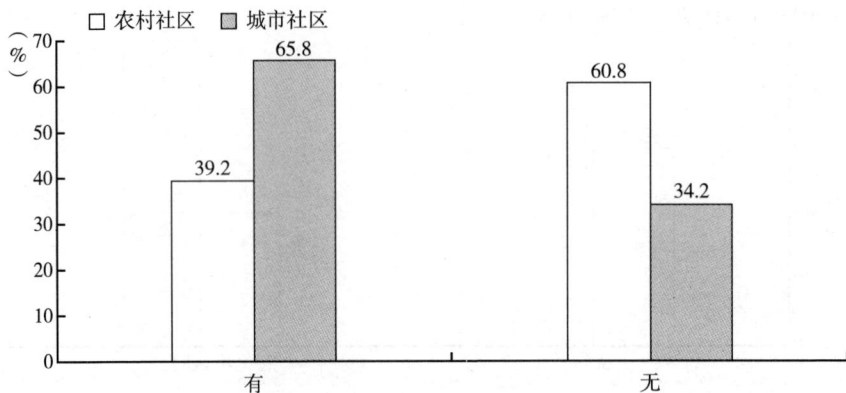

图10 有无从女性角度提出的建议？

这一选项，不足四成女性认为目前女性社会参与的比例安排较为合理。这反映出农村社区女性参与者更安于现状，对社会参与的需求不及城市社区女性（见图11）。

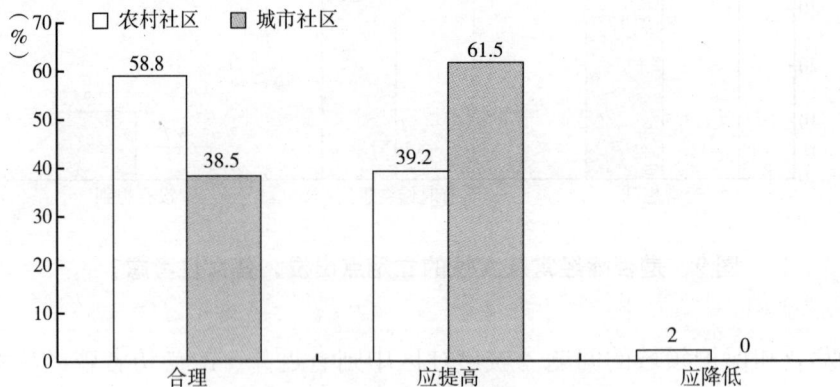

图11 你对女性从政比例有何看法？

总之，社会性别的角色压抑和身份束缚是一种普遍的社会现象和社会行为。而从以上调查数据来看，城市社区女性在社区参与中体现的性别意识要强于农村社区女性，其权利意识和性别平等意识更强，在社区参与中更加关注自身群体利益的实现，能更多地从女性角度考虑社区管理问题。而在访谈中我们发现，在农村社区除了担任妇联相关职务的女性能够从女性角度考虑问题和提出议案及建议以外，大多数担任社区主任、党政办主任等职务的女性在参与过程中的性别意识并不强，几乎忽略了自己的性别。似乎整个社区只有妇联、妇代会是为女性说话的地方，除此之外，就只能将"性别"隐藏起来。

（三）社区参与的动机

从心理学角度定义，动机是激起并维持人们从事某种活动去满足一定需要的心理原因，是决定人们行为的直接动力和原因。从马斯洛的需要层次理论出发，我们列举女性参与社区管理的六种动机，按照层次高低，分别为"需要一个岗位""为大家做点事""提高自身地位""履行公民责任""为女性争取权益""实现人生价值"。以此为依据，进行了相关问题访谈。

考虑到城乡社区发展的差异性，城乡社区中女性参与社区事务的动机必然多种多样。因此，马斯洛的五种需求层次不可能一致地体现在城乡社区妇女参与进程中。从图12可以发现，城乡女性参与社区管

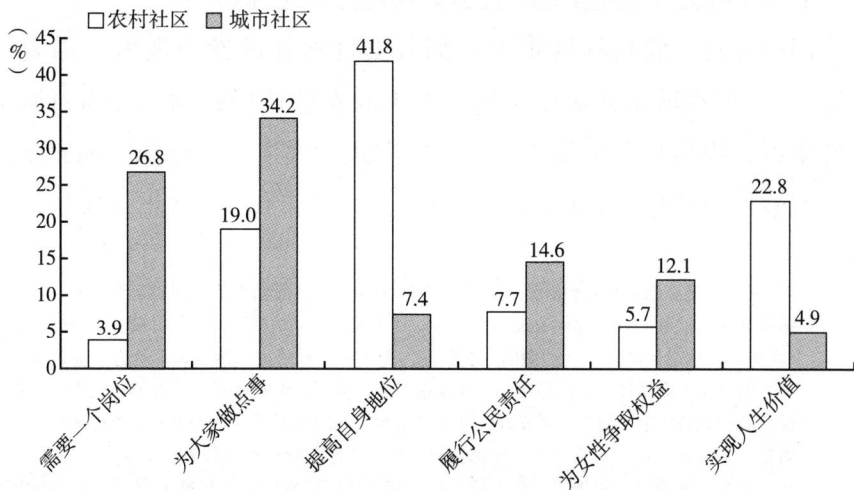

图12　女性参与社区管理的六种动机

理的动机既有差异之处，也有共同的一面。

1. 农村社区女性更在意"提高自身地位"

由于农业文化的影响，农村一贯重男轻女，因此提高自身地位就成为很多农村女性参与社区事务的出发点。在农村社区有超过四成女性把"提高自身地位"作为社区参与的首要动机，而在城市社区不足一成，农村社区女性在社区参与中的权力意识更强。因为在现有的利益格局下，农村女性社会地位的提高必然会保障经济、文化、家族利益，而且正是通过这样的因果关系，社区参与才能使自己得到实惠。而对城市女性来说，参与社区管理对提高自己的地位作用不大，不是她们考虑的主要因素。

2. 城市社区女性"为大家做点事"的愿望更高

在调查中发现，农村社区有近两成女性选择"为大家做点事"作为参与动机，而城市社区女性有1/3左右选择此项，表明城市社区女性对完善社区管理工作的需求更高。城市女性为维护家庭利益或公共利益，积极介入社区事务，设法改变社区整体的管理状况，正是这种强烈的责任感，激发她们参与社区管理工作①。

3. 城市社区女性更多地将社区参与视为普通就业

调查显示，农村社区很少一部分女性将社区参与视为"需要一个岗位"，而在城市社区中，超过1/4的女性选择此项。因为对城市女性来说，提高自身地位还有更多的方式和渠道予以选择。随着城市女性就业压力的增大，更多女性选择到社区工作②。因此，参与社区

---

① "其实（为社区做点事）没什么想法，我想社区搞好了，我们大家住得也舒服。"（王婳青，城市社区）。"我们呼吁为保安发红包，这既是对他们劳动的感激，也是对自己安全的投资。"（黄淑君，城市社区）。"我们做的一些服务，实实在在地解决了困难，不是为了应付领导检查，而是为了提高社区生活品质，住在这里安全、卫生，大家多开心，有老年大学上，有社区网站、健身场地，邻里关系又好，其实这是社区起的作用。"（盛和平，城市社区）。

② 对此，城市社区的一位女性专职干部这样解释："我大学毕业后没找到好的工作，公务员也没考上，在家政公司做了一年，第二年考到了社区。现在收入虽然不高，但各项福利还是健全的。"（徐娴，城市社区）。

治理更多的是为了自身经济利益的实现①。

4. 城乡社区女性都较少出于"履行公民责任"的考虑

只有不足 8% 的农村社区女性和不足 15% 的城市社区女性选择"履行公民责任"作为参与社区管理的第一动机。这说明不论是城市社区还是农村社区，女性往往以个人具体利益作为社区参与的主要目标。

5. "为女性争取权益"也是城乡女性社区参与的次要动机

在农村社区中，不足一成女性参与社区事务是出于"为女性争取权益"，而城市社区的数据也只有 12.1%。这反映了受访者借助社区参与维护自身权利的需求微弱，女性群体意识仍比较淡薄。

6. 农村社区女性更在意"实现人生价值"

我们在调查中发现，农村社区 22.8% 的女性把实现人生价值作为社区参与的主要动机，而城市社区不足 5% 的女性认为社区参与在于实现人生价值、成就人生事业，这反映了农村社区女性在社区参与中实现人生价值的动机更强。这是由于农村社区女性"出人头地"的通道相对少，许多女性希望在参与社区管理的过程中显示自己的价值，不想让自己埋没在繁重的家务之中②。

综上所述，当社区女性认为参与社区管理与其自身利益需求紧密相关，且能有效维护其利益时，就会积极参与社区管理。同时，只有当社区居民利益能够在社区得到充分保障时，社区参与才能有坚实的基础。总体来看，农村女性社区参与的目标主要是提高地位、实现价值，而城市女性则主要考虑经济利益和居住利益。这也客观反映了城乡社区在经济和社会发展方面的不同特点。

---

① 对此，城市社区的一位女性专职干部这样解释："我大学毕业后没找到好的工作，公务员也没考上，在家政公司做了一年，第二年考到了社区。现在收入虽然不高，但各项福利还是健全的。"（徐娴，城市社区）。

② "我自己从小比较要强，可是农村女人的命比城里人苦，读不了多少书，起码做村干部才能从家里走出去。"（郑甜珍，农村社区）。"从经济角度来讲，在这里工作是一大损失，但能帮社区做点事情，也是更高层次的价值追求，是一种自我价值的实现。"（郑秀娣，农村社区）。

（四）参与社区管理的形式

社区参与形式，是指女性社区参与的类型、功能、途径和方法。正常而充足的参与方式是保证女性社区参与质量的重要条件。对女性来讲，社区所能提供的参与形式越通畅、越灵活，女性参与社区管理就越便利，参与面就越广。为此，我们设计了相关问题来了解这一情况。

问题1：女性参与社区管理的途径相对多么?

在被问及"女性参与社区管理的途径相对多吗?"这一问题时，城市社区有近五成女性认为自己进行社区参与的渠道比较多，37.5%的女性认为差不多，只有15.0%的女性认为渠道少；而农村社区女性认为自己参与渠道多的不足6%，四成女性认为差不多，超过一半的人认为偏少。我们通过访谈也印证了这一点①。由于城市社区自治化程度更高，治理改革的步伐相对较快，对女性居民参与社区管理的限制较少，而农村社区自治中受乡镇政府的干预较多，对女性居民参与的门槛还是比较高的（见图13）。

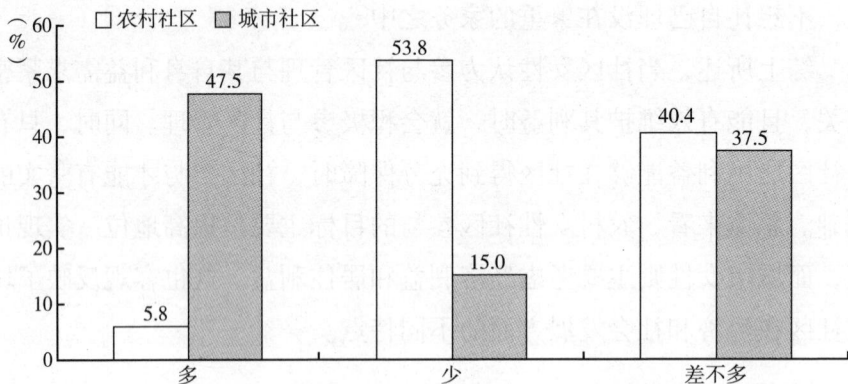

图13 女性参与社区管理的途径相对多吗?

---

① "渠道还是少了点。根本参与不进去，女性想发言也没有发言权。我是被组织发现，才有了这个条件。"（藤杏娥，农村社区）。

问题 2：你第一次参与社区管理是出于什么情况？

在首次社区参与的方式上，农村社区有 21% 的女性自己主动参与，有 35% 的女性是经由村民推举的，由组织任命的占 39%。而城市受访者近半的女性是志愿参与，有 1/3 的女性是经由居民推选参与的，1/6 的女性主要由家人鼓励而参与。这表明城市社区女性属于半主动、半动员型参与，而农村女性基本仍属于动员型参与①。

问题 3：你在社区常做什么工作？

在这一问题上，农村社区女性参与决策活动的比例较低，不足 1/4，而从事事务通知、投票监督等操作性工作的较多（合计近70%）。城市女性在社区参与中从事决策和组织活动的比例较高（合计占 95%）。这表明城市女性担任社区主要管理者的比例较大，参与决策程度高。而农村女性在社区中的职能相对较小②。

问题 4：你参与了社区哪些组织的活动？

就社区参与的组织类别而言，农村社区女性参与者中参加党政组织的不到 25%，四成女性在妇联参与相关组织活动。而城市女性参与党政组织活动的比例也较低，不足 15%，超过七成的女性参与的是社区组织和兴趣协会活动。从实际情况来看，农村社区中女性能够参与的组织除党政、妇联之外，屈指可数。而城市女性既可以到党政、妇联、治安等部门，也可以积极参与家长协会、老年大学、合唱团等业余公共组织③。

---

① 农村江口党支部副书记、居委会委员滕杏娥书记就是这样的一个案例："书记在党员中选举产生，我们支部选举是先选支部委员，再推任书记。我是推选出的支部委员中的一员，和其他几位委员一致推选出现任书记。基本都是这样。"（滕杏娥，农村社区）。

② "我在工作单位担任工会组长，关于（活动策划）这方面我比较熟悉，社区内很多活动议案就是我和其他几个女同志想出来的。"（盛和平，城市社区）。"开村委会的时候，正式决定还是他们说了算。我很少能提出意见，心里也不是很想提。怎么说呢……我想自己不会管闲事的。社区妇女基本上是'你表决，我不投票、我不发表意见'。"（俞彩凤，农村社区）。

③ 在访谈中，农村的一位女干部谈道："村干部都是区里、镇里培养的苗子，我们妇女出不了家门，除了妇联主任一定是女的，其他很少有位置让女人坐。"（葛玉英，农村社区）。

问题 5：你在社区内任职的方式是什么?

农村社区女性通过换届选举和经由组织提拔任用的各占 50%，没有通过岗位公开招聘进入社区工作的。城市社区女性通过换届选举和经由组织提拔任用的比例分别为 51% 和 12%，同时有近四成女性通过应聘进入社区工作①。可见，城乡社区女性任职大部分通过选举和组织提拔，但在公开招聘上城市社区先行一步②。

在社区参与的具体形式上，城乡社区女性基本上采取参加会议、提建议、参加选举三种形式，但更多的城市女性选择网络讨论这种新方式（见图 14）。

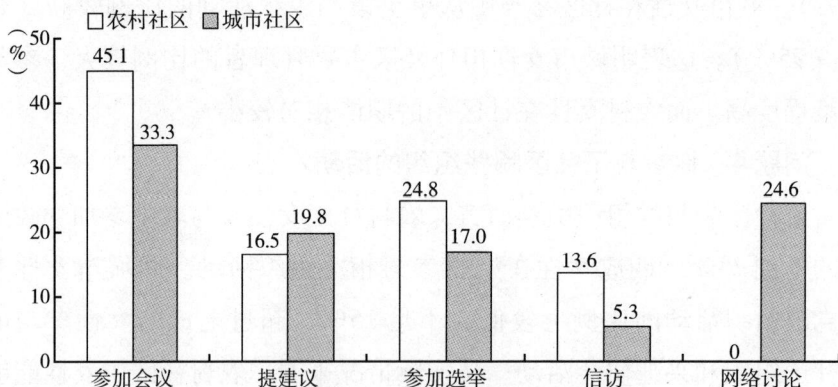

图 14 城乡女性社区参与的具体形式

从以上的问卷访谈结果来看，城市社区女性在社区参与通道的选择上要比农村社区女性丰富得多，在社区参与中承担的功能更加重要，城乡社区女性参与的内容也存在差异，城市社区女性参与的重点在于向社区提供公共服务，而农村社区女性主要参与计生工作

---

① 对此，城市社区的贺艳怀深有体会："我想从杭州的经验来看，今后社区工作者的专职化、社会化招聘是趋势，而且近年来这种趋势越来越明显。"（贺艳怀，城市社区）。

② 对此，城市社区的贺艳怀深有体会："我想从杭州的经验来看，今后社区工作者的专职化、社会化招聘是趋势，而且近年来这种趋势越来越明显。"（贺艳怀，城市社区）。

等辅助性事务。同时，城市社区女性在新型参与方法上也更具创新性。而当前政治治理结构的整体环境、女性群体自身素质的高低、社区与上级政府关系的定位、对社区的认同感和认识是否到位，以及社区管理活动的内容是否顺应变化，都是影响女性社区参与方式的重要因素。

（五）社区参与的评价

社区管理水平反映了女性社区参与的效果，同时体现了女性在社区参与中处于何种动态。在此，我们对这个问题也进行了考察。

1. 社区参与者自我评价

问题1：你认为自己是否适应社区工作？

在这个问题上，农村社区只有1/3的受访者给予肯定回答，而城市社区则有六成多受访者认为自己能胜任社区工作，比农村社区女性更加自信。

问题2：（对女性社区参与者）你认为自己的工作能力与男性相比怎样？

城乡社区大部分受访者认为其工作能力与男性差不多（农村社区为58.4%，城市社区为72%），但农村社区受访者认为女干部工作能力比男性弱的有四成。而城市社区受访者认为女性工作能力相对较弱的只有一成，认为比男性强的则有近两成。这表明城乡社区女性参与者对自身工作能力认识存在差距。

2. 社区居民的评价

为了考察城乡社区女性参与者主观评价的信度，我们随机就社区居民对女性社区参与者的工作满意度、社区集体荣誉等进行了调查。在对女干部的工作满意度上，城乡社区多数受访者对女性工作人员认真、细心的工作态度感到满意，认为她们工作尽心尽力，能为居民提供帮助、解决困难、调解矛盾，实现社区的稳定和谐，且很多评价高于男性①。从调查结果来看，无论是自评，还是对社区居民的走访，对女性社区工作者的工作满意度都比较高，她们的工作受到了当地居民的肯定。但在自身认可和自我评价上，城市社区女性的评价普遍要高于农村社区女性。

四 影响杭州市城乡社区女性参与的原因分析

（一）社区治理内容和形式的影响

1. 治理内容的差异决定工作的内容不同

从权力来源来看，《村民委员会组织法》指出："村民委员会是村民自我管理、自我教育、自我服务的基层群众性自治组织，支持和组织村民依法发展各种形式的经济，承担本村生产的服务和协调工作，促进农村生产建设和社会主义市场经济的发展。"从这个表述可以看出，村民委员会是以共同产权和经营权为基础的村民自治组织，是农民参与市场经济的组织者。而依据《中华人民共和国城市居民委员会组织法》，居民委员会则是居民自我管理、自我教育、自我服务的基层群众性自治组织，社区的主要工作已转移到社区公益文化事业、治安、清洁卫生及处理物业矛盾等综合服务工作方面。

因此，从社区治理的内容来看，农村必然表现出较强的行政倾向。而在城市社区，社区治理的内容主要体现为公共服务工作。在我们的实际调查中，城乡社区的情况正符合这个特点，所以女性社区参与的内容也就不尽相同。

---

① "在我们社区，女性起重要作用，无论是管理层还是服务层……从女性的办事能力、责任心和服务技能看，女性完全适应社区工作。"（王剡青，城市社区）。"我觉得社会存在这样一种看法，认为女性的管理能力不如男性……在我个人看来，很多优秀的女性特别是浙江省女性都是不错的。只要给她一个平台，不比男性差。"（盛和平，城市社区）。

2. 治理内容的不同导致社区参与的难度不同

由于衡量一个村官能力高低的标准往往是对计生、土地征迁等强制性工作的处理情况，个性不强势、手段不硬的村官，有可能被乡镇以"工作能力差"为由撤换①。而在城市社区，由于公共结构的分化和利益的多元化而出现了多样化的需求。社区干部的作用主要是能较好地协调居民之间的邻里关系和社区服务活动。特别是当前社区物业管理的专业化程度得到提高，社区治安等硬性任务大为减轻，因此，女性在协调邻里关系、组织文化卫生活动等方面的优势得到发挥，处理工作更加得心应手，这为女性提供了更多的参与机会。从我们掌握的情况来看，城市女性的确活跃在社区各种服务部门与兴趣组织中。

3. 治理内容差异使得居民评价不同

在农村社区，由于权力相对集中，社区干部工作导向倾向于行政部门，对于工作计划执行较刻板，沟通协调相对不足，因此在执行土地征迁等工作中经常出现与居民或者其他干部发生矛盾的情况，工作满意度难免受到影响。处理具体政策难题成为每位社区干部必须面对的任务。而在城市社区，治理内容单一，权力结构相对多元，工作方式较民主，很少产生矛盾②。

（二）性别观念影响因素

几千年"男主外、女主内"的性别分工模式，也对我国女性整体社区参与造成了影响。而这种传统分工模式在城乡之间的保留程度有所不同，进而影响城乡女性的社区参与过程。在农村社区，女性受

---

① 吴理财：《当前乡村民主发展的主要问题及其原因——以"潜江现象"为案例的分析》，中国农村研究网，2003 年 5 月 3 日，http：www. ccrs. org. cn。

② 城市的一位女干部这样说道："我们的班子成员都很放得开，彼此都很随和，没有嫉妒。对于班子，我肯定会大度点，关心成员。我比较注意这一点，如果心里疙疙瘩瘩的，从她们的说话语气上就能表现出来。她们很尊重我，都叫我大姐。"（魏小琴，城市社区）

传统"男主外、女主内"性别分工模式的影响较大，社区公共事务的管理与决策权依然归属男性，女性社区参与的空间因受到限制而被排挤于"权力边缘地带"。农村社区那些需要全村村民广泛参与讨论和商量的会议，多数情况是家中男性参加。民间节日的组织、集会、对外纠纷的解决一般也以男性为主。虽然每个村子都有妇女委员，但由于报酬相对较低，平时也没什么事可做，只是在需要组织妇女劳动、健康检查，或有其他活动时才参与通知妇女的工作。妇女被排斥于整个社区决策系统之外，没有表达自己意愿和意见的场所和机会。

而城市社区内目前性别分工相对平等，女性参与社区活动有更大的空间。尽管总体来说男性的家庭地位普遍高于女性，但城市社区家庭生活较独立，女性的家庭地位比农村女性明显更高。同时，在城市中，随着女性受教育程度的提高以及社会活动和社交机会的增多，女性的视野逐渐开阔，接受新观念的机会越来越多，更能突破陈旧性别规范的约束①。在某种意义上说，城市化不仅提高了居民的个体素养和生活文明程度，而且也有利于形成平等的性别关系与性别意识，促使女性摆脱思想观念上的约束，主动地参与到社区公共事务中②。

（三）父权文化对女性社区参与的影响

在长期封建父权制文化背景下，女性被认为缺乏大局观和理性判断的思维，不适于参与公共事务而被排斥在公共管理领域之外，造成很多女性只能专注于家庭生活和私人领域，不自觉地扮演女儿、妻子、母亲角色，长期以来我国女性较少有机会也没有余力从事公共领域的活动，更难产生政治精英。在女性参与社区管理的过程中，社会传统性别观念也在默默地影响着其参与意识。尽管经过社会主义革

---

① 陈颐：《中国城市化和城市现代化》，南京出版社，1998，第5~6页。
② "目前女性在社区治理中起主要作用，无论是管理层还是服务层。在居民参与这个层次，比如说居民参与搞绿化等，也是女性多，最突出的几个志愿者都是女性。"（徐娴，城市社区）。

命，今天的中国女性取得了与男性相同的公民权，已经跨越了这一鸿沟，但长期父权文化环境使得大多数女性特别是农村女性仍无法完全意识到现代公民身份的真正含义，无法将自己参与社区活动与国家现代治理体系发展联系起来。虽然有部分农村女性凭借突出的个人能力和丰富的经营经验，在经济生活上超越了男性，取得了家庭经济地位支配权，但她们仍旧难逃父权文化的制约，女性意识的薄弱让她们在"家庭—社区"的两难选择中放弃了参与社区事务管理的想法，为了丈夫、孩子的前途而退居幕后①。城市社区在为女性提供新的居住方式、职业空间、社交方式的同时，男女之间实现了分工平等，使女性的主体意识和群体意识得到增强。②

（四）社区内女性组织化程度的影响

民主是权力均衡的结果，相对于男权主导的权力格局，女性在实现有效的组织化之前，是谈不上力量的。在女性社区参与的过程中，社区内组织资源的丰富与否、女性自身组织程度的高低恰恰是其重要影响因素之一。亨廷顿的研究发现，涉入组织能参与变化的解释约为25%③。应用于女性社区参与领域，组织化的益处更是不言而喻。一

---

① 在我们的调查中，农村社区的女性流露出这种想法："有时候我觉得，还是男主外好一点。我这么成功，是因为我有亲戚可以依靠一下……像我们女性，抛头露面总归要难一点。"（郑甜珍，农村社区）。

② 在城市，贺艳怀书记这样说："我们家恰恰是'女主外、男主内'，我先生上下班有规律，家务做得多。我工作忙，上下班没规律，相应的，家务也做得少……主要是看谁的工作性质偏向内或外，女主外也可以，都在为社会做贡献，自己也过得开心，何必拘泥于这个观念呢？"（贺艳怀，城市社区）。"这是个男权社会，女性家庭负担太大了。社会存在一个误区：女性一定要多贡献。总觉得如果家庭没管好，这个女人就很失败。这种观念可以说压制了很多有作为的女性。不少受过高等教育的、有责任心的女性社区参与者也会受这种传统主流思想的影响，她们整天忙于烦琐的社区事务，难免会照顾不好孩子或家庭，于是备感责任重大，内心非常愧疚。尽管知道这样不对，但这种观念在心里已经存在了。"（徐娴，城市社区）。

③ 〔美〕塞缪尔·亨廷顿、琼·纳尔逊：《难以抉择——发展中国家的政治参与》，汪晓寿、吴志华、项继权译，华夏出版社，1989，第91页。

方面，加入社区组织可以使社区女性的团体意识感有所增强，公共信息的获取渠道更为畅通；另一方面，因为这些组织在社区治理中具有特殊作用，加入这些组织会进一步拓展女性参与社区管理的渠道。

在农村社区，由于女性参与多呈离散性，女性群体组织性不高，且被排斥在核心权力圈之外，公共参与能力被大大地削弱了。因此，就农村女性而言，其松散型居多、紧密型较少的参与方式阻碍了女性最大限度地参与社区事务①。而城市作为经济、政治、文化中心，存在各种各样的利益集合体，从而积淀了组织化的优势。随着改革开放的逐渐深入，城市社区妇联基层组织建设不断发展，女性的组织资源也相应增加。目前，社会公共组织90%集中在城市②，为女性公共参与提供了广阔的空间，为女性发展奠定了坚实的组织化基础，对女性参与社区管理起到了很好的保障作用。

（五）女性个体素质的制约

从对城乡社区的调查来看，由于经济文化资源分布的不平衡，城乡社区女性在自身经济、教育、就业层次等方面存在显著的差异，因此在社区公共事务参与的效果和质量上也有较大差别。农村社区女性虽然热情很高，但文化程度偏低，年龄较大，专业技能单一，思想比较保守，工作中主动创新的能力不足。城市社区女性工作者学历水平较高，自主意识强，更具有团队精神，因此参与社区管理的水准也更高。根据《杭州市"十二五"妇女发展规划中期监测评估报告》的结果，截至2012年，杭州市普通高校女生的毛入学率达到57.76%，

---

① 对此，几位无奈的女干部坦言道："我们江口社区妇联虽然是先进基层妇代会，但在目前社区妇女团体一个都还没建立的情况下，社区妇女工作只能靠我和4个妇联执委的力量。"（滕杏娥，农村社区）。"其实蛮多农村女性很能干，也愿意参加社区工作，但是很多人不是党员……没有组织的提拔在农村就很难当上干部。"（缪美凤，农村社区）。

② 沙吉才、熊郁等主编《当代中国妇女家庭地位研究》，天津人民出版社，1995，第333～349页。

高出男生 15.52 个百分点，接受高等教育的人数明显超过男生。同时，杭州市区（县）级党政领导班子正职中女干部的比例达到 30.77%，杭州市政协委员中女性的比例达到 32.48%①。较高的社会经济地位有利于女性公共参与技能的提高，如社交能力、分析能力、组织能力等，而这些能力是女性在从事社会化生产和组织分工的实践中获得的。因此，城乡女性社区参与的能力和效果也难免水平不一。

五　有关建议

（一）进一步改善女性参与社区工作的制度环境

1. 加强政策保障，改善女性社区参与的制度环境

要将制度建设作为推进女性社区参与的重中之重。一是改变以男性为中心的农村社区干部选拔任用标准。在领导干部的选拔任用条件上，各级组织部门应充分考虑女性的生理特性。例如，在提拔经历生育期的女干部时可降低其原岗位的任职时间要求，或根据女干部的最佳年龄提前启用，通过政策调整切实保护女性参与的权益。二是决策者要增强性别平等意识，在制定公共政策时应考虑政策对男女两性产生的影响，如发现政策实施可能造成消极影响，要及时采取补救措施。

2. 明确社区管理改革方向，营造女性社区参与的良好氛围

在推动女性社区参与的进程中，政府应顺应简政放权的改革方向，从三个方面入手搭建女性社区参与平台。一是着力健全多元化的社区组织体系和高效的社区管理体制，建立有助于保障女性参与的社

---

① 魏颖主编《杭州妇女发展报告（2015）》，社会科学文献出版社，2015，第 4 页。

区协调网络。二是在农村社区建设引导从基层政策执行组织向生活服务型组织转变。三是打造专业化队伍，其中村委会海选、社区居委会直选、职业化社工等制度的确立是方向。

（二）发展社区自治机制，提高女性参与水平

1. 厘清社区职责，与时俱进地落实减负政策

麻雀虽小，五脏俱全。无论是城市社区还是城郊改制社区，作为基层的自治组织，按照社区定义，是指基层群众自我管理、自我治理的基层组织，其职责是为社区居民服务。但目前，社区工作突出的问题是组织机构多、工作任务多、评级考核多、信息网络平台多、台账多、盖章证明多①。社区行政性工作负担越来越重，为居民服务的时间越来越少。杭州市在 2014 年出台了社区工作减负政策，删除了很多社区职责，如各类生存证明、大部分的统计工作等。规定今后未经准入的工作事项一律不得进社区，每个社区只允许悬挂五块牌子。今后社区考核也不再以工作任务评级考核成绩来对社区进行考量，而是要通过居民满意度来对社区工作人员的工作情况进行评价。但在实际操作过程中，还需要进一步完善这一利好政策，为社区参与增加吸引力。

2. 完善社区居民自治，鼓励社区女性参与

对于城乡社区而言，城市社区相对更具有开放性，社区居民更加多样化。但我们的调研发现，该类社区工作人员近 70% 并非本社区居民，这样就违背了社区自治属性。调研结果显示，杭州市城市社区参与的女性比例较高，并且较男性更适合社区工作，可以考虑以此为突破口，落实社区居民自治。

---

① 社区的重点工作为计生、民政、卫生、劳动保障、医保、党建宣传、综治、统计、武装等。除上述工作外，社区工作还包括团委、妇联、关工委、文化办、老年体协、司法普查办等部门大大小小的项目。一些城郊改制社区，社区工作还包括经济职能。

3. 完善社区工作者晋升制度，吸引更多优秀女性加入

相较于男性，社区工作的稳定以及工作内容和工作环境等对女性的吸引力更大。杭州市出台了相关的政策，招募社区工作人员①。分析目前女性参与状况欠佳的原因，其中人才引进来却留不住的问题在城市社区尤其明显。随着社会的发展，以及人们认识上的进步，女性在职业发展方面的要求日益增强。她们拥有较高的资质、较强的能力和不俗的魄力，她们对职业的要求不仅是稳定和安逸，而且还要实现自我价值，在职场拥有一席之地。为了吸引更多的女性加入和为社区贡献她们的聪明才智，完善社区工作者晋升制度亟待提上日程。

（三）发展社会公共组织，为女性社区参与提供渠道

1. 发挥各级妇联作用，推进女性社区工作者队伍建设

在社区管理改革中，妇联组织应积极发挥组织优势，协调社会各方力量，有效整合社会资源，为女性社区参与提供政策保障。同时，争取上级部门的支持，继续选调优秀女性人才到基层社区工作，使社区成为培养和输送女性社会管理人才的基地。

2. 发展社会公共组织，提升社区管理工作的专业化水平，鼓励居民参与

社会组织的发展壮大可以扭转以社区日常事务管理为核心的社区建设现状，将大量具体的社区服务项目交由社会组织承担，使社区居委会从直接的操作性服务工作中解脱出来，回归到组织者、监督者的角色本位。社会公共组织参与社区管理可以满足社会治理改革方向下越来越多元化的社区公共需求，使更多的社会化工作者通过民间渠道到社区工作，提升社区管理工作的专业化程度。同时，以兴趣小组、

---

① 社区招募的工作人员大致有以下几种：街道正式招募的社区干部，由居民投票选举，占社区工作人员的大多数；由省一级人社厅统一招考的大学毕业生；公益性岗位，一般统一招募并培训分配，属于基层服务岗位；等等。

协会等为主的民间组织还可以提高居民的社区认同感和团结程度，提高社区参与的积极性。因此，政府及社区管理机构需鼓励和支持社会组织的发展，避免直接参与社区建设管理活动，通过政策制定、资金支持、购买服务等形式扶持、引导社会公共组织进入社区领域，参与社区建设。加强制度建设，制定和完善相关政策法规，使社区公共组织始终坚守公益性、非营利性的基本原则。

（四）提高女性经济社会地位，改善女性社区参与的条件

1. 提高社区女性工作者的经济社会地位

对女性来说，一定的经济社会地位和文化条件是其参与社会公共生活的基础。其中，经济地位是女性争取解放和发展的基础条件，因为"稳定而有保障的家庭收入将决定居民的居住环境和生活条件、子女的教育、闲暇的生活时间以及良好的医疗保健等"[①]。根据《杭州市"十二五"妇女发展规划中期监测评估报告》的结果，截至2012年，杭州市城镇居民可支配的年平均收入为37511元，农村居民可支配的年平均收入为17017元，两者之间存在较大的差距。因此，要加快改革二元体制，发展和完善农村社区基本生活保障制度，免除女性参与社区管理活动的后顾之忧。

2. 改善女性特别是农村女性的文化教育状况

文化素质水平不仅影响女性的经济社会地位，而且决定了其参与社区管理活动的能力和水平。就社会整体而言，城市女性受教育的程度已经接近男性，但农村女性明显落后于男性。因此，要重视改善农村女性的教育状况，不断提高她们的从业素质。特别是参与社区公共管理的女性群体，更要根据形势发展，学习和掌握一定的管理知识、法律知识、经济知识和科技知识，不断提高自己的管理能力和水平。

---

① 魏颖主编《杭州妇女发展报告（2015）》，社会科学文献出版社，2015，第9页。

六 结语

通过对杭州市城乡女性社区参与状况的对比研究，我们得出以下几个结论。

第一，女性参与基层社区治理是女性从事社会管理的重要组成部分。我国女性在现有体制内外参加社区内集体经济管理、治安卫生、关系调解等事务的决策、实施、管理和监督方面有天然的优势。在推进现代社会建设进程中，国家一直鼓励广大女性参与社区管理工作。

第二，女性社区参与作为一种公共参与行为，其水平受很多因素的影响。这些因素首先体现在参与人数比例和参与内容层次上。长期二元体制造成社区管理工作内容的差别，以及城乡女性在组织化程度、个体素质、社会文化等方面的差异，使我国城乡女性在参与社区管理工作中，在队伍结构、工作内容、参与意识、工作动机、参与形式、参与效果等方面存在较大差异。城市社区女性参与社区管理工作的水平和层次显著优于农村社区女性。

第三，有关部门和社会各界应积极改善社区管理工作的制度环境、现实环境和文化环境，厘清社区职责，完善社区工作者管理制度，强化社会组织的作用，为女性社区参与提供组织支持。同时，帮助社区女性提高经济地位、提升个体素质、增强性别意识，进一步鼓励和推进城乡女性参与社区管理工作，推进社区管理治理现代化。

参考文献

[1] 谭琳、刘伯红主编《中国妇女研究十年（1995～2005年）》，社会科学文献出版社，2005。

[2] 谭琳：《中国性别平等与妇女发展报告（1995～2005）》，社会科学文献出版社，2006。

[3] 陶春芳、蒋永萍主编《中国妇女社会地位概观》，中国妇女出版社，1993。

[4] 林吉玲：《20世纪中国女性发展史论》，山东人民出版社，2001。

[5] 单艺斌：《女性社会地位评价方法研究》，九州出版社，2004。

[6] 陶洁、郑必俊主编《中国女性的过去、现在与未来》，北京大学出版社，2005。

[7] 吴贵明：《中国女性职业生涯发展研究》，中国社会科学出版社，2004。

[8] 沙吉才：《中国妇女地位状况》，中国人口出版社，1998。

[9] 葛翠华、聂云杰：《"社区与妇女"中日研讨会综述》，《妇女研究论丛》1999年第4期。

[10] 全国妇联妇女研究所：《社区建设与妇女发展》，《中国妇运》2002年第8期。

[11] 王金玲：《妇女应是社区建设的主体》，《妇女研究论丛》2002年第4期。

[12] 张霞：《社区建设与妇女发展的关系》，《妇女研究论丛》2002年第7期。

[13] 汤美芳：《浙江省农村妇女参与基层民主的实践与思考》，《中共宁波市委党校学报》2005年第6期。

[14] 沈金花：《从性别与发展理论角度看农村妇女参与社区发展》，《中华女子学院学报》2004年第S1期。

[15] 梁巧转、朱楚珠：《中国农村妇女参与社区发展的研究与启示》，《中国妇女管理干部学院学报》1995年第3期。

[16] 曾璇：《关于农村妇女参与村务管理现状的调查及思考》，《经济与社会发展》2006年第7期。

[17] 金一虹：《从"草根"阶层到乡村管理者——50例农村女性管理者成长个案分析》，《妇女研究论丛》2002年第6期。

[18] Asian Development Bank, "Women's Participation and Voice in Community-based Organization", Manila, 2014.

[19] Mutongu, Z. B., "Women's Participation in Community-based Organizations' Development as a Strategy for Poverty Eradication in Kenya", *Priscilla Papers*, 2012, 26 (1).

[20] Moser, Caroline O. N., "Community Participation in Urban Projects in the Third World", Progress in Planning, 1989, 32.

[21] Ndaeji, M. N. and Samah, A. A., "Relationship between Participation and Empowerment in Women Self Help Groups in Nigeria—A General Analysis", *World Rural Observations*, 2013, 5 (3).

[22] Yoshihama, M. and Carr, E. S., "Community Participation Reconsidered", *Journal of Community Practice*, 2002, 10 (4).

女性社会组织与志愿者篇

Female Social Organizations and Volunteers

B.5
杭州市女性社会组织发展的
现状分析及对策建议

陈东恩*

摘　要：　女性社会组织的良性发展和功能发挥，必然有助于社会
性别平等的推动和女性发展的实现。本文以杭州市女性
社会组织为例，采用问卷调查和深入访谈的方法，通过
文献和调研数据分析，调查了社会组织发展的基本情况、
社会组织生存发展的资源及社会组织获取社会支持的情况
等问题，对女性社会组织的类型、典型特征、效益作用等
进行了分析，以探寻杭州市女性社会组织面临的困境，并
尝试提出促进女性社会组织可持续发展的政策建议。

---

* 陈东恩，杭州师范大学社会工作系讲师。

关键词： 女性社会组织　治理　女性发展

一　引言

社会组织是我国社会主义现代化建设的重要力量，是中国特色社会主义事业的重要建设者，也是党和政府联系人民群众的重要桥梁和纽带。社会组织的发展，能够为巩固中国共产党的执政基础、扩大党的群众基础提供重要的组织渠道。自 1995 年在北京召开联合国"第四届世界妇女大会"以来，中国妇女事业得到了长足的发展。我国政府与联合国共同合作，在之后举办了"北京 + 5""北京 + 10""北京 + 15""北京 + 20"等各种国际论坛，对中国女性社会组织的迅速发展和普及起到了重要的推动作用。

杭州市作为东部地区经济发展的中心，女性社会组织发展迅速，活动空间大。尤其是近年来，在杭州市委、市政府的领导，以及杭州市妇联的积极推动下，在推动性别平等、维护妇女儿童合法权益、参与社会治理创新、服务妇女儿童民生、推动经济社会发展等方面发挥了不可替代的作用。但是，从整体发展水平来看，杭州市女性社会组织的发展整体上仍处于起步阶段，存在不少亟待解决的问题。因此，加快培育和发展女性社会组织，加强女性社会组织的能力建设，不仅能够满足杭州市社会经济发展的需要，减轻政府负担，而且能够推动杭州市和谐社会的建设。

从目前来看，我国对女性社会组织尚未有一个明确统一的定义。本文将"女性社会组织"定义为"为妇女、儿童和家庭提供服务"的机构和组织，或者"主要针对妇女、儿童群体开展各类活动所建立的组织"。其中既包括在民政部门登记注册的、具有法定身份的社会组织，也包括在民政部门备案的社区社会组织，以及部分未取得合法身份但正常开展活动的"草根"女性社会组织。

二 研究对象与方法

（一）研究样本选取与确定

本文调查的对象涵盖了杭州市民间事务管理局以及上城区、下城区、西湖区和江干区民政局所属 5 家社会组织服务中心，团市委所属青年公益社会组织服务中心，杭州 4 个城区的 9 家街道社会组织培育和孵化中心，涉及 258 家女性社会组织。

（二）研究方法与调查工具

1. 文献研究法

查阅和搜集近年来相关的各类文献资料和研究成果，并认真分析、对比、归纳、总结，作为本文的理论依据和研究基础。

2. 访谈法

选取有代表性的杭州市女性社会组织，通过半结构式访谈，深入了解女性社会组织的发展现状，进行定性研究。在本文的研究过程中，研究团队走访了上城区、下城区、西湖区和江干区 22 家女性社会组织，访谈对象包括杭州市民政局以及西湖区和下城区民政局社会组织科室负责人、多家区级和街道社会组织培育中心负责人、女性社会组织负责人、女性社会组织工作者、志愿者共五类人群。

3. 问卷调查

问卷内容按照基本信息、福利待遇、办公条件、机构活动与发展、公益环境政策的顺序，设计了近 60 道题目。本次调查共发放问卷 370 份，回收 354 份，回收率为 95.7%，其中有效问卷 258 份，有效率为 69.7%。对于回收的有效问卷数据运用 SPSS 软件进行定量分析。

三　杭州市女性社会组织发展的现状分析

2013 年 12 月底，杭州市社会组织共有 16615 家，在民政局注册的有 5153 家，备案的有 11642 家。2014 年 12 月 31 日，登记注册的社会组织总数为 5681 家。其中，民办非企业单位有 2957 家，占52.05%；社会团体有 2715 家，占 47.79%；基金会有 9 家，占0.16%。杭州市各系统都没有进行过相关调查，官方缺少各类女性社会组织的明确数量，依据本次调查取得的各街道民政科的统计数据，按登记的女性社会组织占 1/3，推测杭州市注册的女性社会组织大约有 1800 家，备案的女性社区社会组织不少于 4000 家。

随着经济社会的发展，女性的公众参与意识在不断增强，女性社会组织的构成、运作模式也愈加灵活多样，呈现以下特点。

（一）互益性女性社会组织发展迅速

在备案的女性社会组织中，互益性组织的比例比注册的女性社会组织高出 20 个百分点。备案的女性社会组织多数组织松散，以兴趣娱乐活动为主，表面松散却富有活力，组织成员活动积极，追求共同兴趣爱好。这类组织在街道、社区蓬勃发展，扩展了妇女联系社会的广度，丰富了社区精神文化生活，但人员流动性强，组织松散，缺少管理机制，缺乏可持续发展能力。

（二）以服务为主的女性社会组织发展速度快

以服务为主的女性社会组织，通过整合当地人力、物力资源，结合地区发展和社区需求，体现了志愿精神和奉献精神，应该给予大力支持。例如，杭州网义工服务队的成员自发组织开展针对西湖、运河等的一系列宣传活动，同时也学习心理知识，为社区居民提供心理咨询与培训，开办免费职业培训所，为求职青年提供求职心理干预服务等。

（三）未注册的女性社会组织占比偏高

从调查情况看，除了正式注册的组织外，还有许多未经注册的松散型的女性社会组织，按照杭州市目前社会组织注册的政策规定，社团必须有 50 名个人会员或 30 家单位会员签名申请，注册资本金为 3 万元。相当数量的社区女性社会组织不具备注册条件，成为游离于监管部门之外的组织。

（四）出现新型女性网络社会组织

调查发现，一种完全依托于网络平台的"女性网络社会组织"开始出现，如驴友团、歌友会、白领女性小组等。网络社会组织准入门槛低，没有地域限制，社会参与度高，参与者匿名，参与感受相对安全，受到相当多年轻女性的欢迎。网络社团信息发布速度快，信息上传下达便捷，容易达成共识，为女性提供了广阔的公共空间，成为传统女性社会组织的补充。

四 杭州市女性社会组织资源获得存在差异

（一）人力资源建设内容丰富，形成体系

1. 女性比重高，学历层次较高，人员结构趋于年轻化

调查样本中，女性社会组织中男性工作人员占 38.7%，女性工作人员占 61.3%，女性在社会组织中的比重高于男性。如图 1 所示，被调查者中 21～25 岁的女性工作人员占 56.7%，26～30 岁的占 16.7%，31～35 岁的占 10.0%，36～40 岁和 41～45 岁的均占 3.3%，46 岁及以上的占 10.0%。被调查者中近六成女性工作人员年

龄为 21~25 岁，这表明女性社会组织的发展迅速，发展空间大，吸引了越来越多的大学毕业生加入，人员结构趋向年轻化。如图 2 所示，被调查者中，大专及以上文化程度的女性工作人员占 67.3%，其中以大学本科学历为主，占 40.2%，学历层次较高。

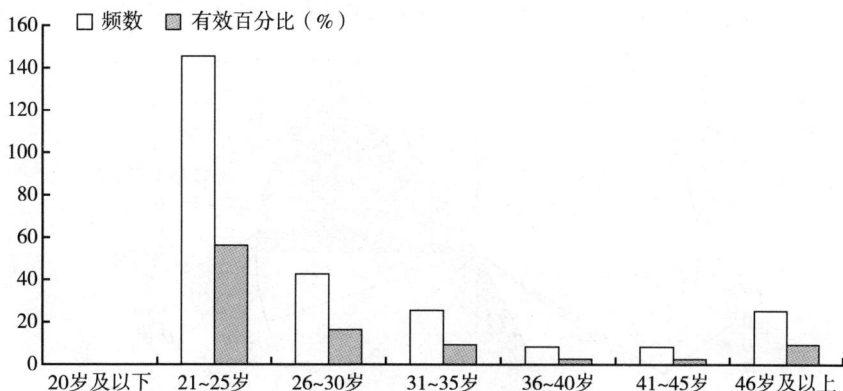

图 1　年龄分布

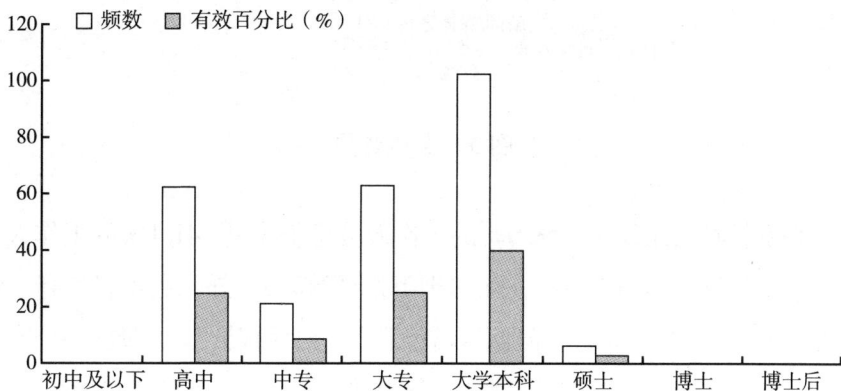

图 2　受教育程度

2. 专业背景多样，工作年限短，工作经验少，在组织中身兼数职

如图 3 所示，女性社会组织的工作人员除了具备专业背景，如社会工作、社会学、非营利组织管理、公共管理等，其他的专业占了绝大多数，其工作人员来自各行各业。调查发现，大多数女性社会组织

中工作人员的总工作年限平均为 7.1 年，但是其在社会组织中工作的年限平均为 1.3 年，工作过的社会组织（含现机构）平均为 1.1 个。这说明多数工作人员刚刚进入社会组织，工作经验较少。

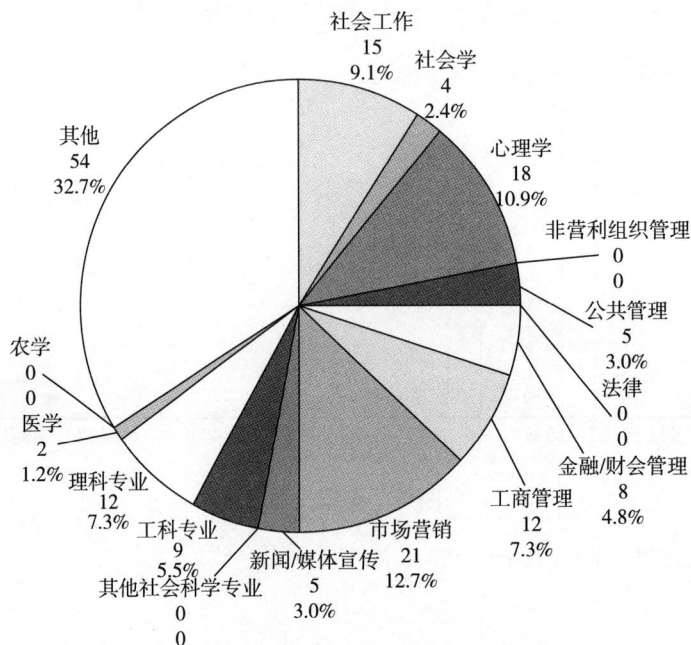

图 3 专业背景

在女性社会组织中，58.9% 的工作人员身兼数职，41.1% 的工作人员从事单一职位。如图 4 所示，除"理事长/发起人"外，主要职务有"组织负责人/总干事""项目经理/区域经理""项目官员""行政/办公室人员"，但能够承担人力资源管理、财务管理、筹资等工作的人员极少。

3. 培训体系初步建立，培训内容多样化

调查结果显示，接受过各类公益培训的有 196 人，占 76%；从未接受过社会组织培训的有 62 人，占 24%。女性社会组织能够为其工作人员提供定量培训，培训内容多样化，主要以"领导力""项目开发与管理""财务管理""社会创新"等内容为主（见图 5）。女性社会组织

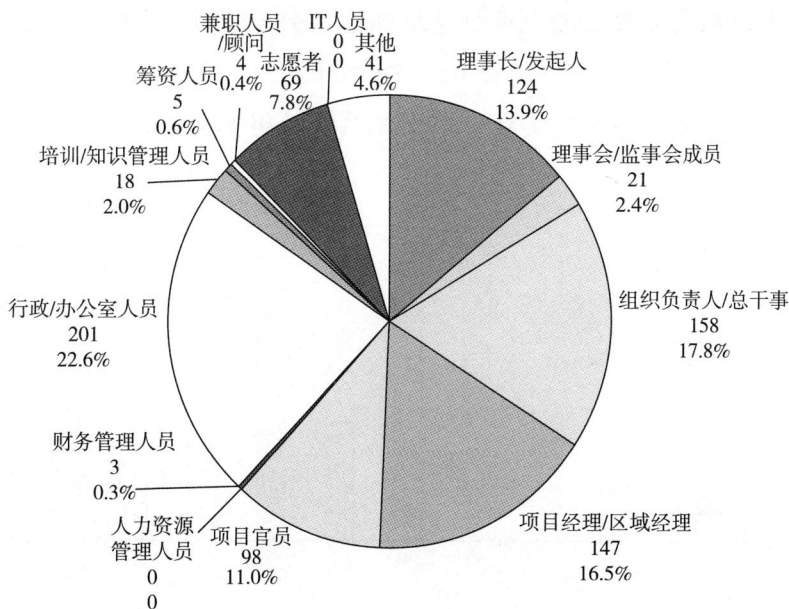

兼职人员 IT人员
/顾问 志愿者 0 其他
筹资人员 4 0.4% 69 0 41
5 7.8% 4.6% 理事长/发起人
0.6% 124
13.9%
培训/知识管理人员
18
2.0% 理事会/监事会成员
21
2.4%
行政/办公室人员
201 组织负责人/总干事
22.6% 158
17.8%

财务管理人员
3
0.3%
人力资源
管理人员 项目官员 项目经理/区域经理
0 98 147
0 11.0% 16.5%

图4 工作职务

其他
0 社会组织与
网络与 0 公民社会 战略规划
新媒体 12 12
44 2.4% 2.4%
8.7% 领导力
志愿者管理 52
22 10.3%
4.3%
组织治理
24
4.7%
社会创新
118 项目开发与管理
23.3% 52
10.3%

外部合作关系
34
6.7%
人力资源管理
21
4.1% 筹款/资金发展
44
财务管理 8.7%
72
14.2%

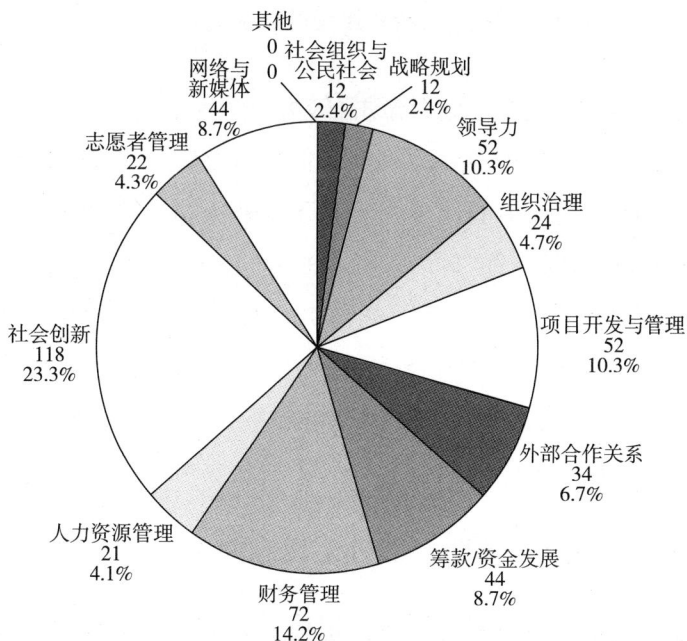

图5 机构提供的公益培训内容

工作人员最希望接受的三项公益培训是"财务管理""项目开发与管理""外部合作关系"（见图6）。由此可见，女性社会组织公益培训的设置基本满足员工的需要，培训体系已经初步建立。

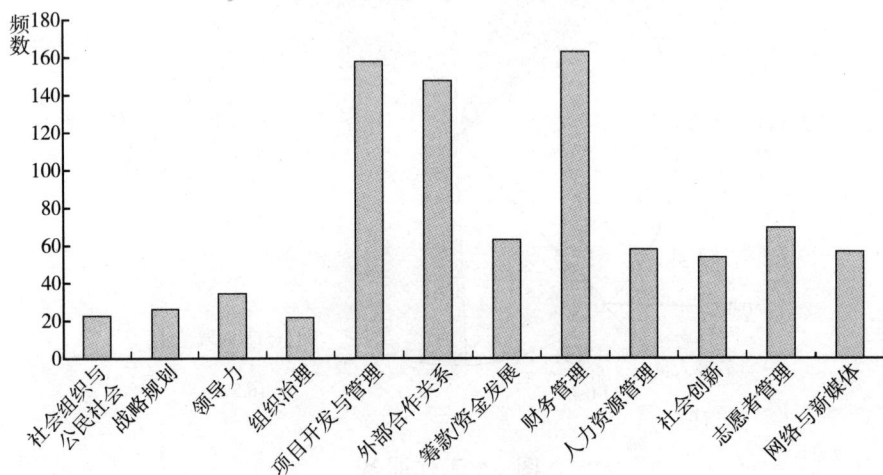

图6 最希望接受的公益培训

4. 员工以兼职为主，人员流动性较大

调查样本中，就业状态为全职的占41.1%，兼职的占58.9%，兼职人员在社会组织中的比重明显高于全职人员。如图7所示，对个人今后的职业规划，选择"一直在机构工作"的占17.8%，选择"在机构短暂工作，然后离开"的占13.2%，选择"没想好，走一步看一步"的占57%，选择"无所谓，哪里工资待遇、机会好就去哪里"的占12%。由此可见，满怀热情和坚定信念，希望长期坚持在社会组织工作的人员比例偏低，今后人员流失的可能性较大。

（二）具备办公场所，但办公设施简单，独立空间较小

杭州市女性社会组织的注册登记地多数依托社会组织培育和孵化中心（见图8），调查样本中，登记注册地为各级社会组织服务中心，

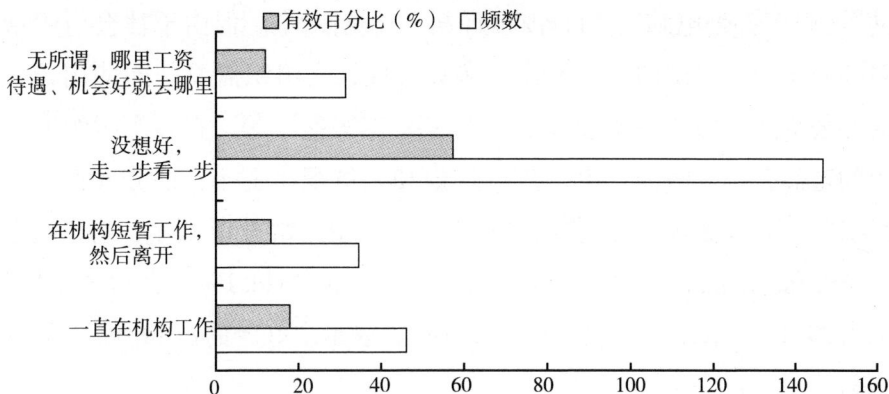

图7 个人今后的职业规划

其中"浙江省"级的有 6 家，"杭州市"级的有 16 家，"杭州市上城区"级的有 25 家，"杭州市下城区"级的有 26 家，"杭州市西湖区"级的有 31 家，"杭州市江干区"级的有 21 家，登记在其他地方的有 65 家。参与调查的杭州 4 个城区的 9 家街道社会组织培育和孵化中心，均由上述部门为女性社会组织无偿提供办公场地和办公设施。

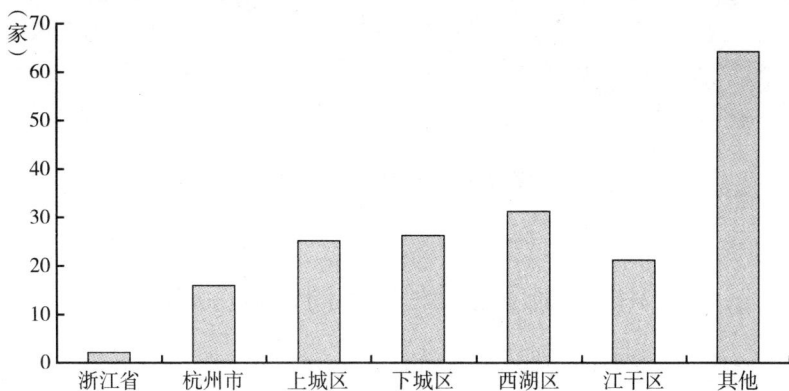

图8 机构注册登记地

目前多数女性社会组织由于依托于社会组织培育和孵化中心，基本具备基础的办公设施，如"办公室/独立工位""电话/传真""互联网""员工办公电脑""打印/复印机"（见图9）。但由于社会组织培育和孵化中心提供的资源有限，多数女性社会组织需要共同使用较大的办公空间，如"大型会议室""图书/档案室"等。在各个组织所获得的定额办公空间内，由于机构规模和人员配比不一，部分女性社会组织办公空间较小，其工作人员缺少独立工位。如图10所示，对机构办公条件和环境的总体评价，表示"很不好"的占14.1%，表示"不好"的占39.8%，表示"一般"的占27.0%，表示"好"的占10.5%，表示"很好"的占8.6%。

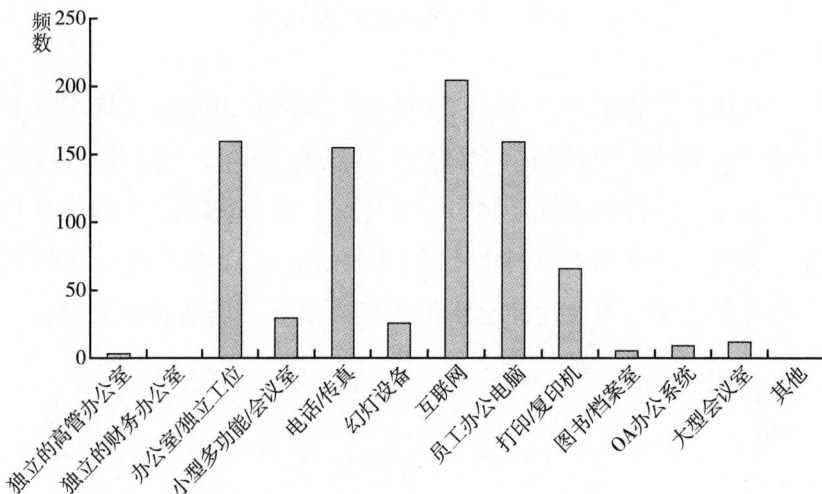

图9 机构的办公条件

（三）组织内部制度建设程度不同，有待规范

1. 初步建立起组织内部管理制度

参与调查的女性社会组织初步建立起内部管理制度，由于各个女性社会组织的性质、规模不同，其机构制度的建设和规范程度也不相同。如图11所示，在调查样本中，对机构"预算编制"的满意度为58.1%，"差旅申请"为54.2%，"费用报销"为50.0%，"员工招

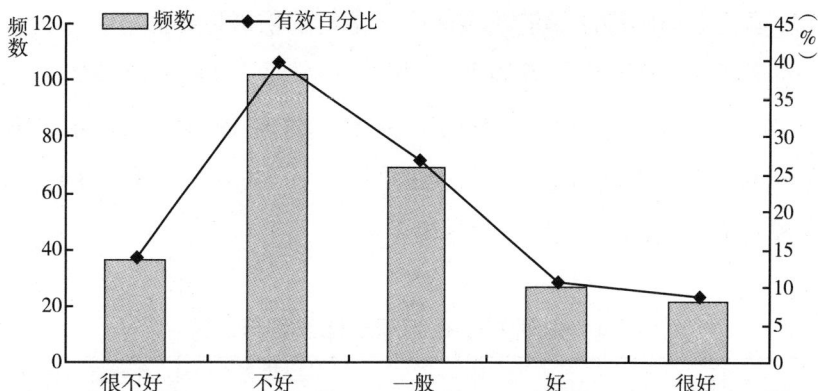

图 10 对机构办公条件和环境的总体评价

募"为 60%，"宣传工作"为 61.2%，"项目审批"为 64.7%，"项目管理"为 59.0%，"员工培训"为 57.7%，"绩效考核"为 55.4%，"议事决策"为 62.0%。对机构工作流程的满意度相对较高的有"项目审批""议事决策""宣传工作""员工招募"等，而对"费用报销"的满意度相对较低。

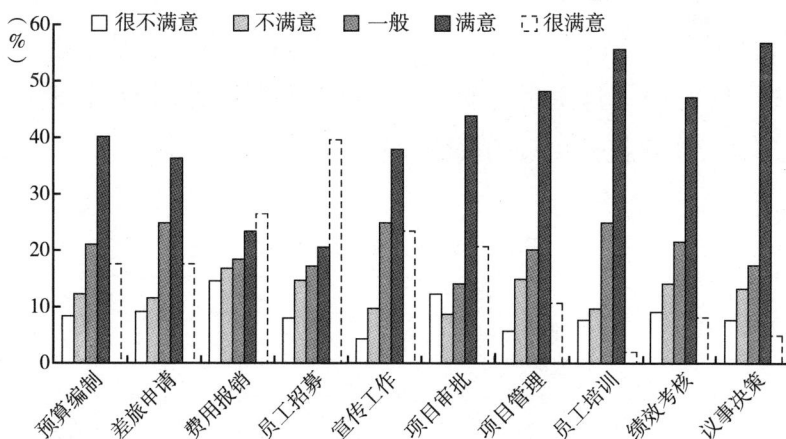

图 11 对机构流程的满意度

2. 员工参与组织决策的机会较少，参与的积极性不高

对适当参与组织决策表示"非常不在乎"的占 25.2%，表示"较不在乎"的占 20.9%，表示"一般"的占 19.4%，表示"较为在乎"的占 22.5%，表示"非常在乎"的占 12.0%（见表1）。这说明多数人员对组织民主参与的意愿不高。

表1　是否在乎在组织中适当参与决策

项目	类别	频数	有效百分比（%）
在乎程度	非常不在乎	65	25.2
	较不在乎	54	20.9
	一般	50	19.4
	较为在乎	58	22.5
	非常在乎	31	12.0
	合计	258	100

员工参与过机构"理事会会议"的占 6.2%，参与过"战略决策会议"的占 9.7%，参与过"项目设计与管理会议"的占 19.3%，参与过"内部总结会议"和"内部培训"的各占 23.2%，参与过"对外合作交流会议"的占 11.1%，参与过"外出学习考察"的占 7.3%（见表2）。这说明员工参与机构的活动主要是内部管理、学习交流等类，参与机构决策的次数和机会较少。

表2　参与过的机构活动

项目	类别	频数	有效百分比（%）
参与机构活动	理事会会议	64	6.2
	战略决策会议	101	9.7
	项目设计与管理会议	201	19.3
	内部总结会议	241	23.2
	内部培训	241	23.2
	对外合作交流会议	115	11.1
	外出学习考察	76	7.3
	总计	1039	100

（四）经费来源于政府、市场和理事会等多个途径

杭州市女性社会组织经费的主要来源是：政府部门占 61.1%、社会捐赠占 23.1%、服务项目收费占 11.5%、其他占 4.3%。在深度访谈的 22 家女性社会组织中，只有 1 家社会组织 65% 的资金来源于基金会，其余 8 家来自政府、3 家来自市场、10 家来自理事会。

1. 资金来源以政府为主的女性社会组织

依托妇联组织注册的女性社会组织、各级社会组织服务中心的女性社会组织是典型的资金来源政府导向型女性社会组织。例如，杭州市妇女活动中心在成立早期，由当时该机构业务主管部门的相关领导担任总干事，机构所有的员工经费、行政费用都由政府承担，政府承担的费用占机构运作总费用的 90% 以上。再如，潮鸣街道社会组织服务中心实施"时光与你"空巢老人同龄伙伴圈营造计划，推进建立女性社会组织孵化器。又如，杭州市婚姻家庭指导服务中心开展"女性婚姻幸福感提升项目"活动，为女性和家庭成员提供专业婚恋指导服务，开展"普法大讲堂"等宣传服务活动 22 场，办理信访、电访 1879 件，跟踪调处 110 社会联动交办的婚姻家庭纠纷815 件。

2. 资金来源以市场为主的女性社会组织

在 22 家女性社会组织中，有 3 家是非常典型的以资源市场导向为主的社会组织。例如，浙江花都美容美发培训中心的"心灵手巧"特殊女性群体关爱帮扶项目，主要为特殊女性群体提供美容美发技术的相关服务，政府购买服务的资金仅占机构运作的 10%，项目 90%的资金来自浙江花都美容美发培训中心。再如，九莲社区的四点半课堂，把下午四点半放学后无人接、无人管的小学生接到社区，由社区聘请杭州某教育机构义务给孩子们辅导作业、讲故事、教绘画，该课堂完全免费，目前已有 30 多名小学生，深受学生、家长的欢迎。

3. 资金来源以理事会出资为主的女性社会组织

多家女性社会组织的理事会成员构成多元，理事会中包括出资者、专业人士、行业管理部门人士、社会知名人士、企业家以及组织内部的人员。例如，雨露社会工作室理事长是杭州师范大学社会工作教师，她认为目前国内非常需要推进社会工作专业服务，成立专业社会工作室纯粹基于个人意愿，她愿意出资，理事会成员也愿意出资，机构运作早期的所有费用都由理事会承担。

（五）员工福利水平普遍偏低

1. 员工月收入较低，仅能满足基本生活需求

如图 12 所示，当前员工收入在 2000 元及以下的占 35.3%，2001~3000 元的占 40.3%，3001~4000 元的占 16.7%，4001~5000 元的占 5.4%，5001 元及以上的占 2.4%。当前，女性社会组织工作人员的月收入主要为 2001~3000 元，远低于杭州市社区工作者平均薪资水平（7.9 万元/年）。而员工的理想月收入主要分布在 3001~4000 元和 4001~5000 元这两个水平段。

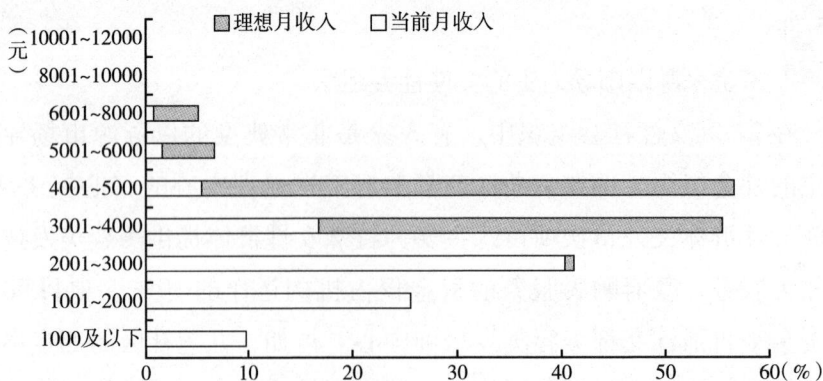

图 12　当前月收入与理想月收入对比

如表3所示，对于当前月收入能否满足基本生活需求，表示"很不满足"的占51.9%，表示"不太满足"的占26.7%，表示"无所谓"的占11.2%，表示"基本满足"的占9.3%，表示"很满足"的占0.8%。如表4所示，对于当前月收入水平是否会影响去留，表示"影响"的占40.3%，表示"非常影响"的占25.6%，表示"根本不影响"和"不影响"的合计占22.8%。这说明女性社会组织的福利待遇难以满足员工的生活需要，并在一定程度上造成了人员的流失。

表3　当前月收入能否满足基本生活需求

项目	类别	频数	有效百分比（%）
满足需求程度	很不满足	134	51.9
	不太满足	69	26.7
	无所谓	29	11.2
	基本满足	24	9.3
	很满足	2	0.8
	合计	258	100

表4　当前月收入水平是否会影响去留

项目	类别	频数	有效百分比（%）
对工作去留影响	根本不影响	21	8.1
	不影响	38	14.7
	无所谓	29	11.2
	影响	104	40.3
	非常影响	66	25.6
	合计	258	100

2.员工具备基本的社会保障，但满意度较低

调查样本中，女性社会组织为员工提供社会保障的占91.2%，仅有9.8%的工作人员从未享受过社会福利。大多数女性社会组织为

工作人员提供"五险"和临时活动商业保险，但能够提供"住房公积金"的极少。调查中还发现，大多数工作人员期望所在机构除了能提供"五险"之外，还能为其提供"住房公积金"和"商业意外保险"（见图13）。

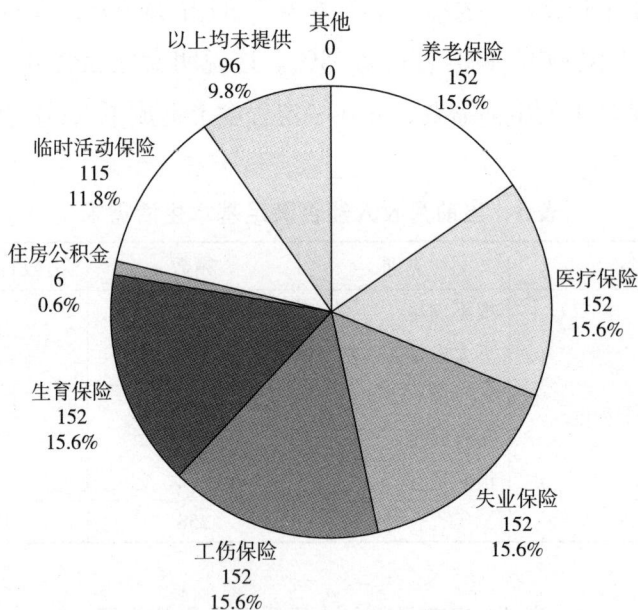

以上均未提供
96
9.8%

其他
0
0

养老保险
152
15.6%

临时活动保险
115
11.8%

住房公积金
6
0.6%

医疗保险
152
15.6%

生育保险
152
15.6%

失业保险
152
15.6%

工伤保险
152
15.6%

图13　机构提供的社会福利

对女性社会组织福利待遇的总体评价，员工表示"很不满意"的占55.4%，表示"不满意"的占25.2%，表示"一般"的占12.4%，表示"满意"的占5.4%，表示"很满意"的占1.6%。这说明大多数工作人员对机构的福利待遇不满意。

（六）服务与活动开展丰富多彩

参与调查的女性社会组织，每年开展大量服务和活动，内容丰富多彩。以西湖区为例，很多女性社会组织以"社区特色工作室"的形式存在，这些特色工作室以社区各类专职工作者为主，以具有专业技术资格的社区志愿者、其他社会团体或个人为辅，以开展针对居民的个性化、专业化服务为主要内容，包括社区服务类、社会事务类、文化体育类、慈善救助类、社区维权类工作室等。在全区各类运行规范、成效明显的工作室中，有28个社区特色工作室针对青少年开展文体、教育、娱乐等服务，有24个工作室针对残疾人和弱势人群开展帮扶救助等服务，有15个工作室针对婴幼儿开展服务，有42个工作室开展学习、文化、娱乐、健身等服务，有58个特色工作室开展调解、维权等服务，有25个特色工作室针对外来人员开展培训、就业、维权、体检等服务，此外还有众多开展家庭教育、医疗保健、群众体育、家电维修等便民利民服务的社区特色工作室。在访谈的22家机构中，服务对象群体涵盖社会各层次。

（七）对杭州市社会组织生存环境基本认可，但存在改进的空间

1. 对杭州市社会组织生存环境的整体评价

由于杭州市公益事业刚刚起步，社会组织生存环境存在较大的改善空间，特别是"企业与社会组织的合作""大众对社会组织与项目的认识""高校/学者、专家的参与和支持""企业捐赠""大众捐赠""社会组织的职业化程度""社会组织的专业化程度""社会组织从业者的社会地位""社会组织从业者的福利待遇"等方面的满意度较低（见表5）。

2. 处理与女性社会组织利益相关方的关系较难

调查样本中，在处理与利益相关方（包括政府、企业、基金会等）的关系方面，认为"很不容易"的占44.2%，认为"不容易"的占47.3%，认为"一般"的占7.8%，认为"容易"的仅占0.8%。政府、企业、基金会等作为社会组织的主要资助方，社会组织若不能妥善处理与它们之间的关系，其活动和发展空间就会受到极大的限制。

表5 对杭州市公益环境的整体评价

项目	类别	很不好		不好		一般		好		很好	
		频数	百分比（%）	频数	百分比（%）	频数	百分比（%）	频数	百分比（%）	频数	百分比（%）
评价	法律法规建设	8	3.0	58	21.5	158	58.5	40	14.8	6	2.2
	政策倡导与支持	21	8.5	51	20.6	132	53.2	30	12.1	14	5.6
	企业与社会组织的合作	65	25.2	65	25.2	87	33.7	32	12.4	9	3.5
	大众参与公益/志愿活动	11	4.3	67	26.0	110	42.6	52	20.2	18	7.0
	大众对社会组织与项目的认识	34	13.2	105	40.7	65	25.2	30	11.6	24	9.3
	媒体的支持力度	64	24.8	54	20.9	62	24.0	40	15.5	38	14.7
	高校/学者、专家的参与和支持	148	57.4	54	20.9	41	15.9	10	3.9	5	1.9
	政府资助力度	57	31.5	54	29.8	65	35.9	5	2.8	0	0
	企业捐赠	114	44.2	36	14.0	32	12.4	40	15.5	36	14.0
	大众捐赠	140	53.4	54	20.6	54	20.6	10	3.8	4	1.5
	社会组织公信力	32	12.4	102	39.5	65	25.2	32	12.4	27	10.5
	社会组织的职业化程度	154	59.7	65	25.2	30	11.6	9	3.5	0	0
	社会组织的专业化程度	135	52.3	89	34.5	30	11.6	4	1.6	0	0
	社会组织从业者的社会地位	68	26.4	98	38.0	65	25.2	21	8.1	6	2.3
	社会组织从业者的福利待遇	74	27.7	104	39.0	65	24.3	21	7.9	3	1.1

调查样本中，在处理与项目服务对象的关系方面，认为"很不容易"的占22.5%，认为"不容易"的占25.2%，认为"一般"的占20.9%，认为"容易"的占15.9%，认为"很容易"的占15.5%。

如图14所示，调查样本中，处理对外关系中认为最难处理的三方关系分别是"政府部门""合作的社会组织""服务对象"（见图14）。

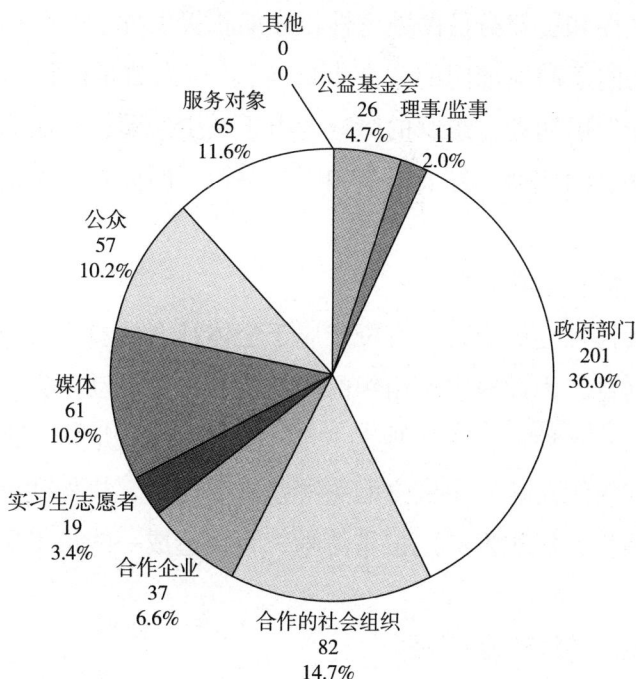

图14　最难处理的三方关系

五　杭州市女性社会组织发展存在的问题及原因分析

通过调研不难发现，杭州市女性社会组织的发展面临诸多问题，制约因素既有女性社会组织自身的原因，也离不开社会、政府相关部门等的外部原因。

（一）制约杭州市女性社会组织发展的自身因素

1. 组织缺乏宗旨与使命意识

"我们组织究竟是干什么的？"这是每一家女性社会组织首先要明确回答的根本问题，只有明确了组织的宗旨和使命，才能确保组织发展的自主性和法律身份的独立性，才能积极发挥社会作用，也才能避免沦为依附于政府部门的"办事机构"。相当数量的杭州市女性社会组织处于发展初期，组织的管理者由于缺少经验，无法为组织勾勒出一个整体上的使命、发展愿景和服务宗旨，因此在发展上很容易遇到瓶颈。

2. 组织发展定位不清晰

由于女性社会组织的所有资产属于全体社会成员，组织中不允许存在个人利益，因此对整个组织的责任机制和发展动力会产生负面影响。有一部分女性社会组织成为"综合性"服务机构，没有明确的服务对象和组织定位，出资方购买哪些服务项目，机构就申请和开展哪些服务项目，组织发展定位不清晰，直接造成一线员工压力较大等问题。

3. 组织内部管理能力偏弱

社会组织内部管理能力的大小会对组织发展产生深远的影响。相当一部分杭州市女性社会组织内部管理能力偏弱，组织领导方式、员工工作能力等都难以适应社会的发展。一部分女性社会组织管理者对社会组织的相关概念缺乏基本了解，对项目管理及内部管理方式等基本程序的认识模糊；一部分管理者因循守旧，缺乏新意和活力；也有一些女性社会组织活动形式单一，跟不上时代发展的需要，也无法满足妇女群众的需要。在财务管理方面，大部分社会组织并不熟悉财务要求，导致项目资金管理混乱。

4. 人、财、物资源缺口较大

第一，注册资金短缺。社会组织注册资金为3万元，目前大部分杭州市女性社会组织主要以项目形式进行筹款，注册资金只能由发起人个人承担，给发起人带来不小的负担。另一个问题是注册过程中所产生的其他费用。除了3万元的注册资金外，还需要支付诸如银行开户费、验资报告费等费用，这无疑加重了女性社会组织发起人的负担。

第二，项目资金短缺。大多数杭州市女性社会组织的经济来源以政府购买、社会资助为主。虽然极少数社会组织如妇联和部分女性社会组织靠政府拨款或企业补贴，但其他绝大多数组织则面临诸多难以在短期内解决的经费缺乏问题。尤其是社会服务类组织，政府购买门槛高，公益创投项目资金少，基金会申请难度大，企业捐赠也有限，多数新注册的女性社会组织筹资能力弱，生存艰难。许多女性社会组织只能以不开展活动或少开展活动，尽可能压缩经费来应付资金短缺的状况。

第三，物质和人力资源短缺。大多数杭州市女性社会组织规模小，组织结构不健全，运作模式不规范，内部管理制度不健全，志愿者人手不足，兼职工作人员比例偏高，工作者缺少基本保障，人员流失率高，组织发展专业人才保障和可持续发展能力都存在困境。

（二）制约杭州市女性社会组织发展的社会因素

1. 社会公众对社会组织的认知度偏低

杭州市民对社会组织的作用缺乏认识，普通民众固守公共事务依赖政府的传统观念。转型时期传统家庭模式发生了巨大改变，社会价值体系和道德伦理观受到了冲击，模糊了原有的社会公益观念，适应时代发展要求的新的公益观念还没有确立起来。然而，在目前的环境中，社会组织的培育、发展所必需的志愿精神、公益精神和社会公信度在老百姓的心目中还明显不足，公众对女性社会组织还处于需要了解其"究竟是干什么的"这一阶段。与此同时，政府及其有关部门本身也存在拒绝体制外分权和监督的倾向。由于女性社会组织提供的专业服务与传统社区服务部门的既有服务完全不同，而人们又习惯于传统的服务模式，因此，女性社会组织必须在保留传统服务模式的基础上有所创新。

2. 行政干预过多

从目前杭州市女性社会组织的状况来看，有相当一部分社会组织是在政府扶持下组建的，对政府部门存在较强的依赖性。有的由各级党政机构直接创办，或者本身就是从党政机构转变而来的；有的由原党政领导及与党政关系密切的知名人士所创办，行政权力渗透于社会组织中在所难免。即便是民间自发组织起来的女性社会组织，其资金来源也以政府购买或者补贴为主，政府既是组织的资源提供者，又是组织的控制者。组织在碰到困难时，可以得到政府相关部门的帮助，能够更好地生存，并为社会提供服务。同时，组织也往往会因资助方的介入而丧失民间性和独立性，甚至沦为一种准政府组织，失去自身应有的活力和优势。

3. 政策稳定性不够，变动过快

目前，杭州市女性社会组织注册标准不一致，不同城区民政局登记具体执行的标准不一。例如，2013 年江干区某社会组织刚成立时，可以在江干区、西湖区和上城区等多个社区同时开展服务，但到了2015 年，由于各区自行制定政策，该社会组织不能跨区服务，因此不得不在上城区和西湖区分别重新注册，大大增加了机构的负担。同时，杭州市各区、县（市）民政局管理人员对操作细则的熟悉程度不一，给社会组织实质登记带来了不便。有些区、县（市）民政局工作人员对政策和一些细则不太熟悉，加上相关政策经常处在调整改变过程中，需要提交的表格的一些项目细节经常发生修改，导致表格被退回组织多次重新填写，也给女性社会组织管理者带来了不确定的心理压力。

4. 财政税收模式不合理

税收问题是每一个女性社会组织必须面对的问题。机构正式注册后意味着需要按规定缴税，这是一笔庞大的开支。社会组织必须按照"企业标准"缴纳25%的企业所得税，组织承担政府购买服务获得的收入仍需缴纳税款，项目资金原本就严重缺少，导致许多社会组织都在想办法"合理避税"。大部分社会组织均存在变相增加项目预算、被迫"做假账"问题。

六　促进杭州市女性社会组织发展的对策和建议

当前，如何积极培育和发展女性社会组织，并且充分发挥其作用，对于增强杭州市公民的社会责任意识、缓解社会矛盾、促进社会公平、构建文明和谐社会至关重要，这就需要社会、政府、女性社会组织三者的共同努力。

（一）完善政府监管体制机制

随着社会主义市场经济体制的逐步完善和改革的不断深入，杭州市各级政府对女性社会组织的监管体制迫切需要进一步完善，重在实现"三个转变"。

1. 从行政管理转向依法管理

对于社会组织，包括女性社会组织来说，完善相关的法律法规，是党和政府更高层面的支持和培育。只有切实把所有社会组织全面纳入法制化、制度化轨道，政府的支持政策才有法可依，加强监管才有章可循。近年来，杭州市女性社会组织的数量越来越多，追求的目标也日趋多元化，随着"小政府、大社会"新格局的逐步形成，女性社会组织获得了更为广阔的发展空间，包括在机构设置、人员组成等方面具有独立于政府的民间性和自治性。作为政府管理部门，要从根本上转变自身职能，逐步弱化社会组织的行政色彩，更多地保障社会组织的这种特性，尽可能减少不必要的行政干预。目前，对于社会组织而言，只有行政法规层面的管理条例，杭州市可以根据自身的发展状况，建立社会组织管理的地方性法规，规定女性社会组织的基本权利义务、财产问题、治理结构、政府与社会组织的关系等，从而切实规范社会组织的行政执法，完善执法程序。要按照公开、公平、公正的原则，健全各类社会组织税收、社会保险、劳动用工、人事工资等政策，对社会组织的违法违规活动和非法组织坚决予以查处，做到有法必依、违法必究、执法必严，依法维护社会组织的合法权益，不断提高行政效率和依法行政水平，为社会组织营造良好的法制环境。

2. 从管制管理转向扶持管理

首先，要开通管理登记的绿色通道。在规划培育女性社会组织的过程中，登记主管部门要积极探索开通优惠途径，要以群众需求为导向，顺应管理方式改革的趋势，尽力支持、帮助女性社会组织顺利进入社会领域，发挥其在和谐社区建设中的积极作用，确保女性社会组织管理体系建设的深化。其次，要建立便捷高效的服务平台。政府可以通过购买等方式，委托企业生产公共产品来满足公民需求，为社会提供服务。可以通过设立专项基金、列入财政预算等方式筹集资金，购买社会服务，为女性社会组织提供服务，带动社会各界广泛参与。最后，要完善税收减免的保障政策。多与财政、税务部门进行沟通协调，设计合理的税收政策，不断调节优化税收制度，使女性社会组织享受到税收优惠政策，特别是对业务主管部门主管的公益性女性社会组织可以免征营业税和所得税。

3. 从重准入转向重跟踪

政府监管机构要从目前注重准入管理，逐步向准入后的跟踪管理倾斜，将监督与评估工作作为今后的工作重心。首先，要建立第三方监督与评估机制。开展社会组织的评估工作，对不同层次的女性社会组织做出相对公正合理的评定，有利于优化政府部门的监督管理，而不同女性社会组织之间也会相互进行竞争。因此，建立第三方监督与评估机制已成为当前政府跟踪管理中亟待加强的一项任务。竞争机制的引入，势必将促使不同机构产生危机感，推动规范化管理的行动自觉，从而达到女性社会组织自愿加强自我管理、自我约束的目的。其次，要表彰社区公益性女性社会组织。政府有关部门可根据实际，制定相应的表彰制度，定期召开表彰大会，表彰在公益领域做出贡献的女性社会组织及个人，同时进行广泛宣传，切实提高社会对公益性女性社会组织的认识，形成全社会支持、参与公益性事业的社会氛围。最后，要将女性社会组织的自律诚信建设列入社会诚信建设体系。及时上网公布女性社会组织的奖惩情况，逐步建立信用等级公开查阅系统。进一步畅通公众对社会组织的监督渠道，建立完善社会评估监督机制，及时公开处理的信息和结果，加大社会舆论的监督力度。

（二）提高杭州市女性社会组织的公信力

1. 提供专业、优质的服务

作为自我管理组织，杭州市女性社会组织是实现社区治理的一个有效载体。女性社会组织的一个重要标志，在于其能为广大女性提供各类专业、优质的服务。但想要实现这一目标，或多或少、直接或间接地有赖于人们的志愿参与行动。这些行动可以采取捐款形式，也可以采取义务贡献时间和技能等形式。女性社会组织可以接受政府支付劳务报酬、服务收费、"费随事转"、社会捐赠。许多以妇女为主的服务型女性社会组织的服务价格低廉，切合社区成员需要。因此，可以通过将一些社会公益性的社区服务工作，从街道的行政职能中专门分离出来，由志愿者组成的女性社会组织负责。要积极发挥好这种优势，加强对服务型女性社会组织人员的技能培训，使之提供的服务更为专业、更加优质。

2. 培育领军人物

杭州市女性社会组织的规范运作，离不开外部环境和内在动力的影响。在自身建设和领军人物示范作用构成的内动力中，领军人物的人格魅力、影响力、示范效应通常具有相当大的号召力。杭州市女性社会组织的领军人物，大多曾从事过基层工作，熟悉民生，具备为民办好事、办实事、解难事的良好素质，拥有长期积累的丰富的群众工作经验。但是，由于社会组织服务的专业性太强，这些领军人物在管理组织时有时也会存在能力上的不足或障碍。因此，要高度重视加强杭州市女性社会组织管理者的能力建设。

3. 不断加大宣传力度

要发挥杭州市女性社会组织的作用，还须大力提高公众对女性社会组织的认知度，使女性社会组织的发展获得广泛的社会支持。调查发现，目前社会上还有很多人尚不知道女性社会组织是个什么组织，女性社会组织是干什么的。也有一部分人认为，女性社会组织的性别特征并没有特殊意义。社会转型时期所带来的拜金主义、自由主义和个人主义在人们观念中产生的固有思维模式，导致人们对女性社会组织发展所不可或缺的奉献精神、公益意识和社会责任感普遍严重不足，从而给杭州市女性社会组织的发展带来不利影响。因此，要发挥好女性社会组织的作用，就需要得到社会各界的关心和支持，需要充分利用各种新闻媒体、网络等渠道，不断加大对各种女性社会组织的功能、定位、地位和作用等方面的宣传，扩大其在公众心目中特别是女性公民中的认同感、影响力，从而提高公众支持、参与女性社会组织的积极性、自发性和自觉性。

（三）加强女性社会组织的能力建设

杭州市女性社会组织同样要靠自己的力量，培养一些好的品质，不断加强自身的能力建设，提高自身的综合素质。

1. 创新女性社会组织活动方式

不少女性社会组织以开展活动见长，但是哪种载体最能体现杭州市女性社会组织具有的优势？哪种形式最能反映杭州市女性社会组织的特点？哪种活动最受杭州市广大妇女群众的普遍欢迎？这些都需要经过长时间的实践过程。要重视和利用网络这个信息平台与信息资源，充分运用富有时代气息的创新载体，广泛发动志愿者的参与，大大增强活动的有效性和参与性，吸引更多的青年女性参与到女性社会组织的活动中来。要从实践中积极探求工作规律，并且结合新的历史条件勇于探索和创造，不断丰富和完善活动载体，从而形成属于杭州市女性社会组织的精品。

2. 增强女性社会组织工作者的服务能力

女性社会组织只有更好地解决一些长期性的社会问题，满足企业、政府未能或不能满足的需求，才能真正获得政府和公众的认同，才能获得生存发展的空间。因此，杭州市应切实加强女性社会组织工作人员的服务能力建设，提高女性社会组织解决实际问题的能力。要提高女性社会组织解决社会问题、满足社会需求的能力，最关键的还是人才问题。要建立完善措施，帮助女性社会组织走出人才缺乏和流失的困境，切实解决好女性社会组织工作者招聘难、待遇低、流失率高的难题。

3. 健全女性社会组织制度机制

有关部门在杭州市女性社会组织的成长过程中，要注重提高女性社会组织的内部管理能力，有效发挥女性社会组织内部设立的权力机构、执行机构和监督机构的职能作用。要切实增强女性社会组织的独立性和自主性，建立完善女性社会组织以章程为核心的内部管理制度，健全民主选举、民主决策、民主管理、民主监督运行机制。要着力丰富、完善社会组织自律的有效途径，在整个社会组织的管理环节中，更好地发挥女性社会组织的自我管理作用。

（四）整合杭州市女性社会组织的各类资源

杭州市有各类女性社会组织1000多个，但其服务内容、工作对象趋同。女性社会组织之间互相竞争，没有真正体现出专业性的特点。因此，有效地整合全市女性社会组织的资源，对于社会组织的有序发展及提供更优质的服务，无疑具有十分重要的意义。

1. 妇联要进一步重视对女性社会组织资源的整合

妇联组织是我国最大的女性社会组织，也是党和政府联系妇女群众的桥梁。在杭州市女性社会组织不断发展壮大的今天，杭州市妇联组织可积极利用自己强大的资源动员能力和严密的组织网络，主动与其他女性社会组织结成组织网络。同时，杭州市妇联组织还可以为全市女性社会组织的发展，尽力提供咨询及政策方面的帮助，提供自助方和需求方的对接，引导女性社会组织更加有效地为社会提供优质的服务产品。随着社会的发展和进步，杭州市妇联组织迫切需要在功能上做适当调整，不仅仅是妇女个人的联合会，还可以成为"女性社会组织的联合会"，成为女性社会组织的管理者或领导者。

2. 要建设统一互联的女性社会服务信息平台

整合杭州市女性社会组织资源，可以更好地调动全市不同类型女性社会组织的主观能动性。目前，杭州市绝大部分女性社会组织以独立经营、自筹资金为主，它们经常处于人、财、物匮乏的状况，迫切要求全市各类女性社会组织相互团结、相互帮助、相互扶持。而通过建立统一互联的女性社会组织信息服务平台，可以为女性社会组织根据不同需求，有效实现资源的科学配置。同时，也可以通过建立女性社会组织联席会议制度，凝聚女性社会组织骨干，互相沟通信息，提供各类资源，形成良好的工作机制。尤其是可以通过整合多方资源，鼓励多个女性社会组织联合承担大型的服务项目，加强合作交流，实现优势互补，有效提高社会资源的使用效率，共同做好政府转移出来的部分公益事业。

3. 要发挥妇联作为第三方对杭州市女性社会组织的管理作用

由于杭州市妇联拥有大量的人才资源和信息资源，因此，在女性社会组织的发展过程中往往可以发挥其重要作用。例如，杭州市妇联可以开展一些评估审批活动，对女性社会组织选定的服务女性的可行性项目进行评估，还可以将一些优质项目推荐给政府或企业予以优先考虑。同时，妇联也可以利用自身的公信力和组织能力，建立第三方评估系统，对杭州市女性社会组织进行定级评审，将优秀的社会组织推荐给社会。同时，建立培养和培训体系，针对女性社会组织人才发展的需求，将女性社会组织领军人物纳入工作视野，建立女性社会组织人才库，为女性社会组织提供人才支持。此外，通过切实可行的措施，提高杭州市女性社会组织的自我管理能力，促进全市女性社会组织的健康发展。

（五）加强杭州市女性社会组织的国际和国内交流

1. 积极扩大与国内其他城市女性社会组织的合作交流

目前，国内诸如北京、上海、广东等省份在女性社会组织管理和发展方面都有许多先进的经验可供杭州市学习，许多成功女性社会组织的管理模式也值得参考和借鉴。如资金问题一直是困扰女性社会组织的一大难题，但不少女性社会组织克服困难，通过出色的服务得到了国家及省市各级政府的大力支持。许多优秀的女性社会组织管理者认为，要获得政府的扶持，女性社会组织首先要把自己的事情做好，着眼于急需解决的问题和面临的最大困难，及时了解掌握政府的相关政策，找出与本组织关系最紧密的相关政策，并充分运用这些政策。可见，当前杭州市女性社会组织要保持健康发展的势头，必须与当地政府建立良好的合作伙伴关系，自觉接受政府有关部门的管理和指导，而不是脱离政府体制一味地寻求独立发展道路。

2. 认真学习借鉴国外女性社会组织的先进经验

除了学习国内一些女性社会组织的成功做法外，西方发达国家女性社会组织的先进经验同样能成为可供杭州学习借鉴的案例和样板。

同国外相比，我国女性社会组织的发展历史相对较短。随着全球化对我国政治、经济、文化，以及人们生活方式的影响，国外先进的社会组织管理模式，必将对杭州市女性社会组织的发展产生较大影响。通过国际交流，一些好的观念和方法不仅会对杭州市女性社会组织的管理提供借鉴，而且会在一定程度上促进杭州市女性社会组织能力建设的转变，增进社会组织的自治性和自律性。因此，杭州市要积极推动女性社会组织参与国际合作与交流，参与不同国家文化、艺术方面的交流，学习国外先进的理念和管理手段、运作方式，切实提升女性社会组织的管理理念和水平。

七 结语

女性社会组织在社会治理中发挥着巨大的作用，加强对女性社会组织的研究、规划和指导，有利于为女性社会组织的健康发展创造良好环境，促进其可持续发展。政府有关方面还要切实加强对女性社会组织的立法，真正从法律层面规范女性社会组织的性质、地位、职能，以及权利和义务，使女性社会组织参与社会治理和社会服务更加规范化、专业化，真正成为政府与群众的纽带以及和谐社会的根基。目前，尽管杭州市女性社会组织的发展还不是太成熟，面临种种挑战，但仍拥有非常大的发展潜力。相信随着时代的快速发展和社会的不断进步，各类女性社会组织发展必将逐步完善。

参考文献

[1] 叶苗：《论中国妇女非政府组织的发展、运作及挑战》，《科技创业月刊》2010 年第 2 期。

［2］全国妇联第三期中国妇女地位调查课题组：《第三期中国妇女社会地位调查主要数据报告》，《妇女研究论丛》2011 年第 6 期。

［3］李悦：《妇女 NGO 研究综述》，《东方企业文化》2010 年第 6 期。

［4］张卫：《社会管理创新背景下我国社会组织的发展与变革》，《中南民族大学学报》（人文社会科学版）2012 年第 3 期。

［5］李静之：《论妇女解放、妇女发展和妇女运动》，《妇女研究论丛》2003 年第 6 期。

［6］杨晓宁、李萍：《女性的"全面发展"与人的"全面发展"》，《辽宁师范大学学报》2004 年第 6 期。

［7］李小江：《改革与中国女性群体意识的觉醒》，《社会科学战线》1998 年第 4 期。

［8］沈国琴：《中国妇女 NGO 之于中国社会的意义及发展展望》，《社团管理研究》2010 年第 3 期。

［9］毛飞飞、曹振飞：《改革开放以来我国妇联妇女工作社会化的历史沿革及发展趋势》，《中华女子学院山东分院学报》2009 年第 4 期。

［10］戳胜明：《妇女就业及解放问题新探》，《人口学刊》1990 年第 1 期。

［11］苗梅华：《民间组织兴起与当地社会秩序转型》，《社会科学研究》2010 年第 3 期。

［12］黄晓勇主编《中国民间组织报告（2009～2010)》，社会科学文献出版社，2010。

［13］郑乐平：《上海民间组织报告》，载黄晓勇主编《中国民间组织报告（2009～2010)》，社会科学文献出版社，2008。

［14］顾建键、马立、布鲁斯·哈迪等：《非政府组织的发展与管理——中国和加拿大比较研究》，上海交通大学出版社，2009。

［15］〔美〕莱斯特·M. 萨拉蒙：《全球公民社会：非营利部门视界》，贾西津、魏玉等译，社会科学文献出版社，2007。

［16］王凤仙、米晓琳：《NGO 话语与民间妇女组织的自我认同》，《妇女研究论丛》2007 年第 6 期。

［17］仇乃华：《非政府组织话语及其对中国妇女组织的影响》，《妇女

研究论丛》2000 年第 5 期。

[18] 刘伯红:《中国妇女非政府组织发展》,《浙江学刊》2000 年第 4 期。

[19] 狄金华、刘瑞清、张翠娥:《妇女非政府组织问题研究述评》,《学会》2008 年第 12 期。

[20] 庄平:《非政府组织与妇女发展》,《山东大学学报》(哲学社会科学版) 2004 年第 2 期。

社会治理视角下杭州女性参与
社会组织的动力机制与支持机制

孙 颖 隋海洋*

摘 要： 女性是参与社会组织的重要力量，也是未来社会组织
发展的人力资源基础。优化女性参与社会组织的动力
机制与支持机制，激发女性参与社会组织与公益事业
的热情与智慧，是提升社会治理能力的重要环节。本
文通过文献研究、问卷调查、访谈座谈、实证分析四
种方法，对杭州市女性参与社会组织的现状进行了深
入调查，重点考察和分析了女性参与社会组织的动力
机制与支持机制的类型、特点和原因，提出了培育女
性社会组织、加强妇联组织保障、形成项目联动机制、
制定人才专项规划、提升相关能力建设等优化女性参
与社会组织的动力机制与支持机制的对策建议。

关键词： 社会治理 女性参与社会组织 动力机制 支持机制

当前我国正处于经济社会的剧烈转型期。在转型期间，如何规避
资本力量主导或行政权力主导的负效应，是改革固有体制的重大挑

---

* 孙颖，杭州市发展研究中心政治文明建设研究处处长，杭州发展研究会副会长。隋海洋，杭
州市妇女活动中心人员。

战。而社会和文化是对冲这个负效应的最好平衡剂，也是建立政府和市场良性互动、合作的桥梁。因此，建立社会与市场、社会与政府直接对接的机制非常关键。如果这个机制能够建立起来，那么"权力"将会以"公共服务"的方式体现出来，"资本"将会以"促进增长"的方式体现出来，久受诟病的"官商勾结"将会以"透明合作"的方式体现出来，而在这个过程中，推进治理体系和治理能力现代化的路径也将逐渐清晰。

建立社会与市场、社会与政府直接对接的机制，就必须大力培育、发展社会组织。具体来说，其最重要功能有两个。一是可以促进经济社会转型。一方面，当前经济下行的根本原因是投资过剩而消费市场容量有限，国内外消费需求市场已经基本饱和，优胜劣汰使得一部分企业不得不退出消费市场，寻找别的出路。另一方面，社会公共服务和公益服务的需求不断增大，如养老、教育、医疗等，但是市场远没有发育好。这部分市场是特殊的，带有强烈的公共性和公益性，是不适用于消费品市场的价格竞争规则的，但又有一定的经营性特点。因此，当前必须注重发展社会组织来进入这个"市场"，特别是引导一部分企业退出消费品市场领域，进入公共服务和公益服务市场领域，转型为"社会企业"类的社会组织。而此时经过竞争留在消费市场中的企业就可以做大做强。这是经济社会转型中的基本问题。二是可以解决大量社会问题。多年来，经济快速发展带来很多社会问题，如环境污染、贫富悬殊、利益固化、群体矛盾等，政府在面对这些问题时如果继续大包大揽，往往会激化矛盾、形成对抗。其实，很多社会问题可以通过社会自我调整来解决。应该借助社会组织和社会力量来搭建沟通平台，组织公众参与协商，引导社会主流舆论，以此达到解决社会问题的目的。现在很多政府部门也意识到这个问题，开始通过政府购买服务的形式，利用社会力量来化解社会矛盾，取得了很好的效果。

　　社会治理必须有女性的参与，而社会组织则是女性参与社会治理并使自身得到发展的重要途径。如何从政策和制度上对女性参与社会治理，以及发挥女性作用予以支持，对于女性的发展具有重要意义。在杭州市社会组织的发展过程中，女性越来越成为一支重要力量，这与社会组织属性和女性自身的特色相关。当前社会组织的重点领域有三个：一是社区公共服务；二是社会特殊人群服务；三是行业公共服务。在社区公共服务中，社会组织服务人群的个性化和多元化，决定了其日常工作都是非常琐碎和感性的工作，需要极大的耐心与沟通交流能力。而这与女性更加感性、更喜欢交流、比较有耐心等性别特色相吻合。目前，杭州市社区社会组织中女性已经占了60%以上，尤其是在社会特殊人群服务中，因其服务对象的特殊性，如在失能老人的养老服务、失足青少年和残疾青少年的帮扶教育等方面，杭州妇女志愿者体现出更多包容、爱心、理解，以及女性天赋的母性特点。目前，在提供上述服务的社会组织中，女性从业人员已经占了70%以上；在行业公共服务社会组织中，女性也越来越多地参与进去，并且承担起负责人的角色。如茶都品牌促进会王旭烽、学习生活促进会朱建平、婴童行业促进会林晓红等，都是行业领域的领军人物。上海还出现了专门化解社会矛盾的"维稳妈妈"项目，女性参与到社会矛盾调处与基层协商民主的领域中。这表明，女性是现阶段社会组织中的重要力量，也是今后社会组织发展最大的人力资源库。

　　近年来，杭州在社会治理创新上一直走在全国前列，曾先后涌现出"民主民生互动平台""社会复合主体""政府开放式决策""我们的价值观构建""复合型社会组织"等在全国有影响力和代表性的创新项目。但是这些创新还都是以党政为主、自上而下地在推动，以社会组织为主体、自下而上地去推动的情况较少，这在一定程度上反映了现实中社会组织的发展并不尽如人意，能力与素质都达不到深度参与社会治理的要求。

党的十八届三中全会提出，"深化改革的总目标是推进治理体系和治理能力现代化"。2015 年 7 月，中共中央又下发了《关于加强和改进党的群团工作的意见》。这些都表明了一种趋势，即未来社会组织要在城市治理体系中成为重要主体之一，就要能够承担起社会治理的责任与义务。而如何有效激发杭州市妇女参与社会组织的热情，培养女性参与社会治理的能力，全面提升女性素质，将成为城市管理者必须面对的重要课题。因此，在今后的工作中，政府有关部门将通过依靠社会组织这个重要载体，一方面通过社会组织实现女性参与的组织化和有序化，另一方面通过社会组织实现妇女参与社会管理，从而实现杭州妇女的发展。为了深入研究杭州女性参与社会组织的动力机制与支持机制，激发女性参与社会组织的热情，培养女性参与社会治理的能力，让女性在社会参与中不断完善自我、推动社会发展，同时让社会组织在女性的参与中不断提高能力、完善功能，是当前社会治理中的一个重要命题。这也是本文研究的主要内容。

一　文献研究

（一）我国社会组织的发展

社会组织又称民间组织、非营利组织、非政府组织（NGO）和第三部门等。我国学者王名等（2004）把中国的社会组织定义为"不以盈利为目的的，主要开展公益性或互益性活动，独立于党政体系之外的正式的社会组织。这些组织具有不同程度的自治性与志愿公益性，不是宗教、政党、宗族组织"。社会组织具有组织性、志愿性、非营利性、民间性、自治性和非政治性的特点。我国政府最早将社会组织称为民间组织，根据 1999 年《中共中央办公厅、国务院办公厅关于进一步加强民间组织管理工作的通知》，把民间组织定义为由民间力量主办的，为社会提供服务，不以营利为目的社会组织。党的十七大以后，为促进社会组织在经济社会发展中更好地发挥积极作用，民政部明确了"社会组织"这一定义，自 2007 年 11 月开始，"民间组织"概念全部被调整为"社会组织"。

改革开放以来，我国社会组织经历了 20 世纪 80 年代的兴起与繁荣、90 年代的转型与规范管理以及近年来的快速发展，大大拓展了社会的包容力与多元化格局，在增大社会资本的同时提高了公民参与社会生活的能力。根据民政部中国社会组织统计公报，截至 2013 年底，全国共有社会组织 54.7 万个，形成固定资产 1496.6 亿元，社会组织实现增加值 571.1 亿元。

从 2006 年开始，我国社会组织呈现快速发展的趋势，这与党中央和国务院高度重视有关。党的十七大首次把社会组织放到全面推进社会主义经济建设、政治建设、文化建设、社会建设"四位一体"建设之中，明确提出要"加强社会组织建设与管理"；党的十八大报告把加快推进社会体制改革放在突出位置，第一次把"加快形成社会管理体制、基本公共服务体系、现代社会组织体制和社会管理机制"等概括为构建中国特色社会主义社会体制的基本目标任务，这是对近年来我国社会体制改革理论探索和实践创新成果的新升华，对于推动社会体制改革、加强社会建设、促进社会现代化具有很强的现实意义和深远的历史意义。当前，我国已经进入深化改革的重要阶段，建设和发展社会组织，发挥其积极作用，已经成为经济社会协调发展不可忽视的重要方面。

（二）社会组织从业人员发展现状

随着我国社会组织力量的不断发展壮大，社会组织已经成为吸纳国民就业和创业的重要途径。民政部 2013 年社会发展统计公报显示，截至 2013 年底，全国社会组织共吸纳社会各类人员就业 636.6 万人。目前，社会组织从业人员主要是指全职人员，专门从事社团工作，由社团以自有资金解决其工资、保险和福利待遇问题，没有其他正式工作的人员。此外，社会组织人员还包括兼职人员、临时人员和志愿者，这些人员不与社会组织存在劳动合同关系，也不需要社会组织解决其社会保障关系。随着社会组织的发展壮大，社会组织对从业人员职业化的要求也越来越高，甚至有的工作岗位比商业环境要求更高，从业人员不仅要具备专业能力，还要具有丰富的实战经验，而薪酬待遇高和职业上升渠道是吸引人才的最重要原因。但是，近十年来，我国社会组织虽然发展较为快速，但面临行业人才存量不够、增量不足的困境，究其原因，待遇低、认同低和发展难成为社会组织从业人员生存和发展的普遍问题。

2014 年，南都公益基金、壹基金等基金会联合专业调查咨询公司共同发布《2014 中国公益行业人才发展现状调查报告》。报告显示，2014 年我国公益行业平均薪酬为 3998 元，薪酬水平仍然处于低位；社保覆盖水平虽然提升，但仍有 34.6% 的从业人员缺乏社会保障；人才外向型流失严重，受到行业内外环境的共同影响。

同年，中国社会科学院研究生院、社会科学文献出版社联合发布《中国民间组织报告（2014）》，报告也显示我国民间组织从业人员的总体薪资水平偏低，已经影响了行业发展。一是无法吸引优秀人才；二是从业人员生存困难；三是制约专业化水平提升。学者崔凤、牟丽娜（2008）研究发现，我国民间组织从业人员呈现文化水平偏低、流动性大、人才匮乏的特点，人才匮乏的主要原因有工资水平普遍较低、缺乏必要的工资和奖励等激励机制与专业培训、没有类似于国家机关或事业单位的社会保障待遇等，人才匮乏严重束缚了民间组织社会功能的发挥，因此，关注民间组织从业人员的社会保障问题，完善其社会保障体系具有重要意义。由此可见，人才问题已经成为制约社会组织发展的瓶颈，因此，关注社会组织从业人员的发展现状、提高从业人员的生活待遇、拓展从业人员的职业发展空间越来越成为政府和社会关注的焦点问题之一。

近年来，国内部分基金会已经开始关注社会组织从业人员的发展状况，特别是针对公益行业内领军人才的培养尤为突出。例如，南都公益基金会发动的"银杏伙伴成长计划"就是一个资助公益人才突破成长瓶颈、帮助其成为公益领域领导型人才的长期计划，主要资助对象为草根社会组织的领导人或创始人，满足其基本生活保障、社会认同和自我能力提升的需求。类似的项目还有"慈善千人计划·老牛学院"项目、中国公益慈善人才培养计划等。

（三）女性与社会组织

近二十年来，中国女性社会组织的建设也取得了巨大成就。特别是 1995 年联合国"第四届世界妇女大会"在北京召开，使中国妇女组织有机会参与了 20 世纪 90 年代以来联合国一系列有影响的非政府组织活动（NGO 论坛），将 NGO（非政府组织）的概念和机制较多地介绍到中国来，并在一定程度上推动了中国妇女非政府组织本土化的进程。此后，我国的社会性别意识理论研究也迅速崛起，学者们通过对各国女性社会组织发展过程及现状的研究，来探索我国女性社会组织建设发展之道。

首先，学者对女性与社会组织关系互动方面做了大量研究。一方面，女性自身刚柔并济、善于沟通、善于包容和乐于与人合作的精神及特点，更适合社会组织在与政府组织的不均衡关系格局中获得生存和发展，女性大量参与社会组织的领导与管理岗位对于社会组织的发展和培育有着独特的意义和作用。谢莉、毕霞（2012）认为，社会分工愈加精细，孕育并产生了许多女性民间社会组织，它们以自身特征和高效灵活的方式主动承接政府转移出来的部分职能，积极参与社会管理，发挥保障妇女权利、充当国家与公民之间中介的作用。另一方面，社会组织在推行男女平等的社会性别政策、促进妇女与社会协调发展方面担负着重要的责任。胡仙芝、余茜（2010）分析认为，社会组织发展对女性的发展提供了多方面的促进和推动，为女性赢得了参与社会的机会，为妇女自身能力的展现提供了一个很好的平台。庄平（2004）进一步阐述了社会组织推动女性发展主要体现在四个方面：一是将性别意识纳入决策过程；二是帮助城乡贫困女性群体脱贫；三是为广大基层劳动女性和城镇下岗女工提供专业咨询和技能培训；四是在社区服务和为女性受害者方面提供援助。由此可见，社会组织在发挥女性特长、提升女性组织化能力，以及促进女性就业、实现社会性别平等与和谐等方面具有相当重要的意义。

其次，女性社会组织在自身发展过程中也面临很多问题和挑战。恽伟杰（2014）指出，女性社会组织的发展现状与女性的实际需求之间仍存在较大差距，主要原因在于人、财、物资源严重匮乏，特别是专业人才资源匮乏成为影响众多女性社会组织成长的重要因素，另外还有社会认同度不高、行政干预较为明显和监管监督力度不够等原因。张钟汝（2006）在研究上海女性社会组织发展过程中发现女性社会组织的主要问题包括以下几个方面：一是经费不足，组织承接广告服务时还需要筹资消化人力成本；二是管理机制不完善，机构设置不合理，甚至存在行政管理痕迹；三是缺乏专业管理人才，管理层兼职较多，对组织工作投入不足，全职工作人员缺乏；四是社会环境对女性社会组织的认可不足，社会性别观念还有待强化。因此，资金缺乏、专业人才缺失、行政干预明显和社会认同度不高成为当今女性社会组织面临的共同发展难题。

妇联组织作为我国最大、最有实力的女性社会组织，本身就有着自上而下的严密的组织网络和强大的资源动员能力，可以充分利用自身准官方的优势地位，合理分配社会资源，成为其他女性社会组织的有力支持者。特别是近年来，上海、南京等发达城市相继成立女性社会组织促进会，打造枢纽型女性社会组织，为各级各类女性社会组织搭建了资源整合的平台，对提升女性社会组织整体服务水平具有重要意义。同时，女性社会组织也在专注服务的同时，尝试与枢纽型女性社会组织建立协作关系。

（四）杭州市社会组织及其从业人员发展现状

改革开放以来，杭州社会组织呈现起步早、数量多、发展迅速的特点，从最初的以社会慈善、扶贫救助为主拓展到教育、卫生、文化、生态环境、社会服务等各领域，逐步形成了城乡一体化发展、网络化、全覆盖的社会组织体系。杭州市民间组织管理局提供的数据显示，截至 2014 年底，杭州市社会组织总数已达 17837 家，其中登记类社会组织 5681 家、备案类社会组织 12156 家、市本级社会组织 959 家。杭州市社会组织在完善市场经济、保护和挖掘杭州历史文化资源、集聚基层社会力量、推进农村和城市社区蓬勃发展方面起到了促进作用。2014 年底，杭州市委、市政府出台了《关于进一步激发社会组织活力推进我市社会治理创新的若干意见》，把培育和发展社会组织与创新社会共同治理结合起来，使社会组织成为社会治理的重要主体。虽然近年来杭州市社会组织的快速发展已经引起研究者的注意，但是研究点更多地关注于社会组织与政府的关系以及社会组织在社会治理中发挥的作用，而对社会组织从业人员的发展状况关注不多，尤其是从女性从业人员参与社会治理的视角，以杭州市社会组织中女性从业人员生存和发展现状为研究切入点，探讨如何构建有效的动力机制与支持机制，提升女性和女性社会组织在社会治理中的作用，为政府部门出台有关妇女发展与服务的决策提供科学参考的研究更少。

二 杭州女性参与社会组织的动力机制与
支持机制的实证研究

（一）研究目的

从目前杭州女性参与社会组织和社会治理的调研情况来看，最为突出的问题就是有效的动力机制与支持机制缺失，这其中既有女性自身性别因素，也存在缺少有效的制度设计和机制构建问题，从而使女性参与社会组织难以做到常态化、可持续化。因此，本文将以杭州为例，聚焦女性参与社会组织的动力机制与支持机制，分析现状，提出问题，并形成关于女性参与社会组织的动力机制与支持机制设计的对策建议，以期通过女性更多、更有效地参与社会组织，来实现更好的社会治理。

（二）研究概念和范围的界定

女性参与社会组织的动力机制与支持机制两个概念，是我们在长期跟踪和深入调研以后，从问题导向出发而提出的概念。其实质就是进行女性参与社会组织的内部因素和外部因素的探讨。其中，动力机制是影响女性参与社会组织的内因，与女性的价值观、性格特质、教育背景、家庭背景、经济条件、社会身份、文化环境等直接相关，其核心是研究如何促进女性的自我成长，在成长中不断调动其社会参与的积极性，激发其社会参与的热情。支持机制是影响女性参与社会组织的外因，与政策设计、社会氛围、组织文化、组织机制、妇女组织发展等密切相关，是通过系统性的政策和制度支持，为女性参与社会组织提供社会化、组织化的有力支撑。外因、内因都不可或缺，其中内因起决定性作用，外因最终也通过内因来起作用。因此，不是仅从女性社会组织出发，更多的是从女性个体出发，关注个体的心灵、感受、意愿、成长路径，并从中总结提炼出一般性的规律。

（三）研究方法与对象

1. 研究方法

（1）文献研究法

目前国内学术界在女性参与社会组织的动力机制与支持机制方面虽然缺少可借鉴的研究成果，但在社会治理、社会组织发展、女性社会组织发展等方面已经形成了很多研究成果。在本文的撰写过程中，我们查阅了相关的论文、书籍和杂志文献等，并对这些资料进行了收集、整理、分析与综合，以期能够全面、正确地了解和掌握女性参与社会组织的现状和趋势，为进一步的研究提供理论参考。

（2）问卷调查法

围绕杭州市女性参与社会组织的动力机制与支持机制这一问题进行问卷调查，通过问题设计以及统计分析，以期了解当前女性参与社会组织的总体特点、存在问题、相关诉求，以及自我评价和职业、生活满意度等，从而进一步提出有实践价值的观点和应对策略。

（3）访谈座谈法

在调研期间，我们多次组织社会组织的女性从业人员召开座谈会，人员范围涵盖负责人、中层人员、初级从业者等各个层次，年龄范围跨度也很大，以期具有代表性。同时，还有针对性地走访了杭州社会组织界一些有代表性的女性从业者，倾听她们的心声和呼声。通过深入交流，对杭州女性参与社会组织的动力机制与支持机制有了全面而深入的了解。

（4）实证分析法

我们通过多种形式的调查和资料收集，以及对统计数据的量化分析，以尽可能准确地找出影响女性参与社会组织的各种变量，进而为构建有效的女性参与社会组织的动力机制与支持机制提出更有针对性和操作性的策略。

2. 研究对象

（1）受访者年龄

接受调查的女性以 26～35 岁为主，占总人数的 48.13%；其次是 25 岁及以下的女性，占总人数的 23.36%；再就是 36～45 岁的女性，占总人数的 18.22%。这说明目前杭州市社会组织女性从业人员主要是"80 后"，年轻化是其主要特征。

（2）受访者学历

接受调查的女性以大专、本科学历为主，共占总人数的 81.4%，其中本科学历最多，占总人数的 44.19%，还有 6.04% 的受访者为研究生及以上学历。可见，杭州市社会组织女性从业人员的学历普遍较高，以大专和本科学历为主。

（3）受访者职位类别

接受调查的女性以一般工作人员为主，占总人数的 68.84%，其次是中层管理人员和高层管理人员，分别占总人数的 27.91% 和 3.25%。根据社会组织发展的实际情况，我们将社会组织类别划分为社会团体、民办非企业单位（组织）、基金会、志愿性团体、国际 NGO 分支机构和其他六大类，受访者主要来自民办非企业单位（组织）和社会团体，分别占总人数的 71.5% 和 21.5%。

（4）受访者服务领域

受访者服务领域分布中，助老服务人员最多，共 73 人；教育与研究领域次之，共 66 人。其他分布较为集中的领域主要有青少年服务（61 人）、残疾人服务（53 人）、社区发展（39 人）和文化艺术（36 人）。可见，女性在社会组织中主要服务于助老、青少年、助残和教育等领域。

3. 问卷发放与回收

（1）问卷编制

为了更好地了解女性参与社会组织的现状，我们设计了调查问卷进行调查。问卷的第一部分主要考察社会组织女性从业人员的基本人口资料状况，即考察从业者个人特质及其对工作的影响，包括年龄、学历、职位情况和服务领域4个变量。问卷的第二部分主要考察受访者的职业情况，包括从业动机、能力发挥、工作回报、工作压力和工作感知五个方面。问卷的第三部分主要考察受访者的生活状况，包括婚姻状况、消费状况和社会支持状况三个方面。

（2）问卷发放与回收

所有研究对象均为杭州市社会组织的女性工作人员，考虑到抽样人群有一定的特殊性，且总体规模不大，因此本文采用滚雪球的抽样方法。本次调查共发放问卷222份，回收问卷215份，均为有效问卷，问卷有效率达到96.85%。问卷输入与处理统一由杭州发展研究会负责。

三　杭州女性参与社会组织的动力机制与
支持机制现状

（一）杭州女性参与社会组织的现状

杭州市女性目前参与的社会组织主要有以下类别：一是志愿者组织，如环保志愿服务大队；二是社区社会组织，如各类邻里服务中心、社区养老服务组织等；三是高校志愿者组织；四是社团和民办非企业单位（组织），如杭州发展研究会、杭州禾益社会组织服务中心等；五是复合型社会组织，如杭州市城市品牌促进会、杭商研究会、杭州市青年公益组织服务中心等；六是专业型社会组织，如帮助服刑人员子女的"雨露"社会工作室等；七是一些社会自组织，如备案类的社区社会组织、"一起走"公益组织等。从参与的数量来看，目前各类社会组织中，女性占比过半，可以说，女性是社会组织的主力军。从女性所处的发展层次来看，领导层比较少，基层人员比较多。

（二）从业动机与工作能力发挥

1. 主要从业动机

受访者在社会组织中的工作动机排在前三位的分别是自我实现、积累工作经验和社会经验以及社会责任感，占比分别为 62.79%、54.88% 和 45.12%。可见，社会组织因其公益性和非营利性的特殊属性而成为吸引女性就业的重要原因。其他原因有获取知识/技能、谋生需要以及感恩、回报社会（见图1）。

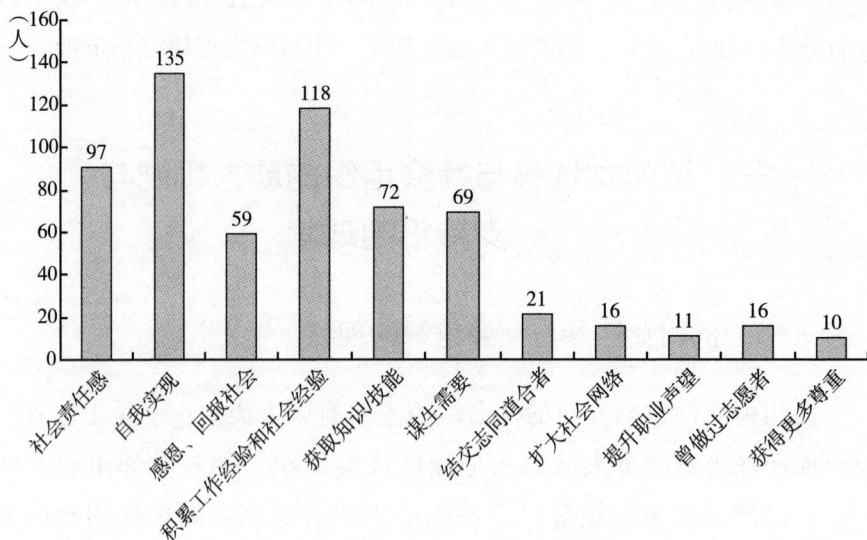

图1　受访者的主要从业动机

2. 工作能力发挥

在调查受访者所学专业与目前工作相关程度时，只有 37.38% 的受访者认为"有相关",认为"一般"的占 36.45%,其余 26.17% 的受访者认为所学专业与目前工作的相关程度较低或者"无相关"。可见,目前社会组织并不能使受访者很好地发挥专业知识水平和能力。

(三)工作回报

1. 收入情况

在对受访者月收入(包括工资、奖金、补贴等收入税前总和)的调查中,64.19% 的受访者目前的工资水平为 2001～4000 元,收入在 4001 元及以上的受访者占 22.80%,还有 13.02% 的受访者收入为 2000 元及以下。根据杭州市统计局《2014 年杭州市区全社会单位就业人员年平均工资统计公报》,2014 年杭州市区在岗职工(含劳务派遣)年平均工资为 51449 元。由此可见,杭州社会组织女性从业人员的工资普遍低于全市平均水平。而对期望月薪的调查发现,32.24% 的受访者的期望月薪为 4001～5000 元,19.16% 的受访者的期望月薪为 3001～4000 元,17.76% 的受访者的期望月薪为 5001～6000 元,还有 15.42% 的受访者的期望月薪为 7001 元及以上(见图 2)。

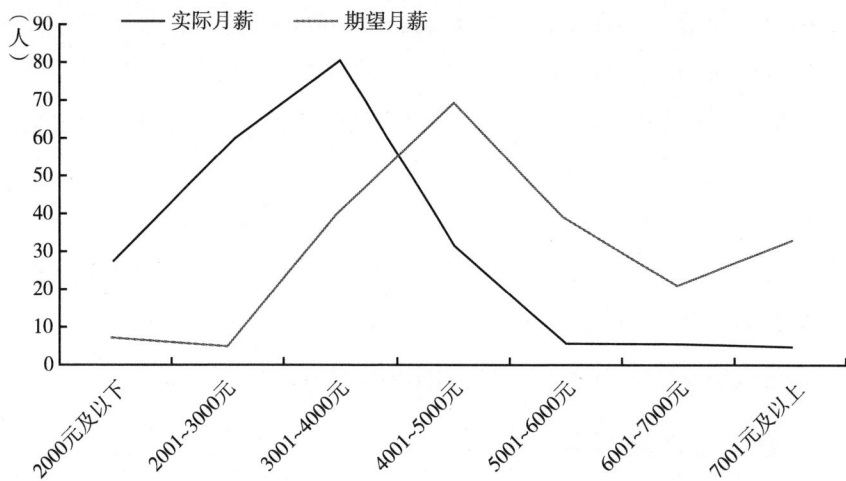

图 2　受访者的实际月薪和期望月薪

由图 2 可知，受访者的期望月薪主要集中于 4001～5000 元，而实际月薪则集中于 3001～4000 元。

2. 福利情况

缴纳社会保险是国家强制性的要求。但是，在调查中发现，有 20 位受访者没有任何社会保险，占总人数的 9.30%。除此之外，缴纳养老保险的受访者占 80.93%，缴纳医疗保险的受访者占 84.65%，缴纳失业保险的受访者占 74.88%，缴纳工伤保险的受访者占 66.98%，缴纳生育保险的受访者占 71.63%。由此可见，社会组织女性从业人员社会保险参保率较低。在女性特殊保护方面，只有 25.12% 的受访者享受晚婚晚育假，41.87% 的受访者所在机构享受产假，25.58% 的受访者所在机构享受哺乳假，女性人员的特殊福利也不容乐观。在其他福利方面，只有 35.35% 的受访者享受住房公积金，12.56% 的受访者享受住房补贴，41.86% 的受访者享受每年体检一次，44.19% 的受访者享受带薪年假。

（四）工作提升与工作压力

1. 工作提升

调研结果显示，在工作提升方面，18.14% 的受访者获得过职位提升，32.56% 的受访者获得过独立开展新业务的机会，11.17% 的受访者能经常享受到进修的机会，多达 58.60% 的受访者很少有进修的机会。

2. 工作压力

在对"是否要加班"的调查中，54.42% 的受访者表示"很少"或者"较少"加班，而"经常"和"较多"加班的受访者占 13.02%；在出差方面，高达 79.53% 的受访者表示出差机会很少。可见，工作安定可能是吸引女性在社会组织就业的重要原因。

（五）工作满意度

在工作满意度方面，62.33% 的受访者表示满意，选择"一般"

的占 34.88%。影响满意度的原因排在前三位的分别是职业发展，工资、福利待遇以及工作环境（见图 3）。对于在本机构的发展前景，只有 31.63% 的受访者认为"潜力很大"，46.51% 的受访者认为"有发展，但不会很快"。对于未来三年内的职业取向，62.33% 的受访者愿意继续留在本机构工作，22.79% 的受访者感到迷茫。由此可见，工资福利、职业发展虽然制约着一部分女性的工作满意度，但是渴望改变的女性并不多，这可能与女性自身的性格特征有关。

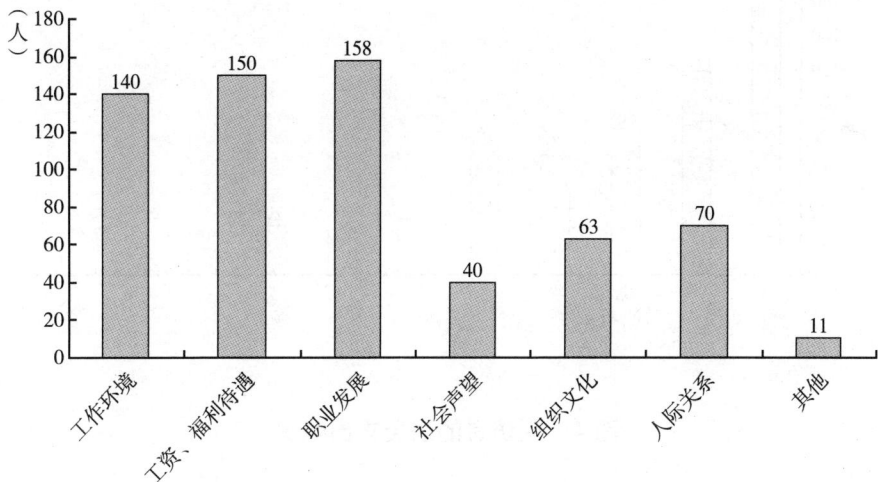

图 3   影响受访者工作满意度的因素

（六）社会生活状况

1. 婚姻和家庭状况

关于受访者的婚姻情况，已婚的受访者占 61.40%，未婚的受访者占 38.60%。在已婚的受访者中，有孩子的占 85.6%，社会组织中已婚并有孩子的女性较多。关于家人支持情况，77.78% 的受访者的家人支持其在社会组织中工作，没有受访者得不到家长的支持，可见在社会组织中工作已经得到大多数人的认可。在对生活的满意度方面，65.42%的受访者感到满意，7%的受访者感到不满意，社会组织的女性对自身生活状况总体较为满意。

2. 消费支出情况

受访者每月消费排在前三位的分别是饮食、服装和住房，主要还是集中在基本的生活支出方面（见图4）。

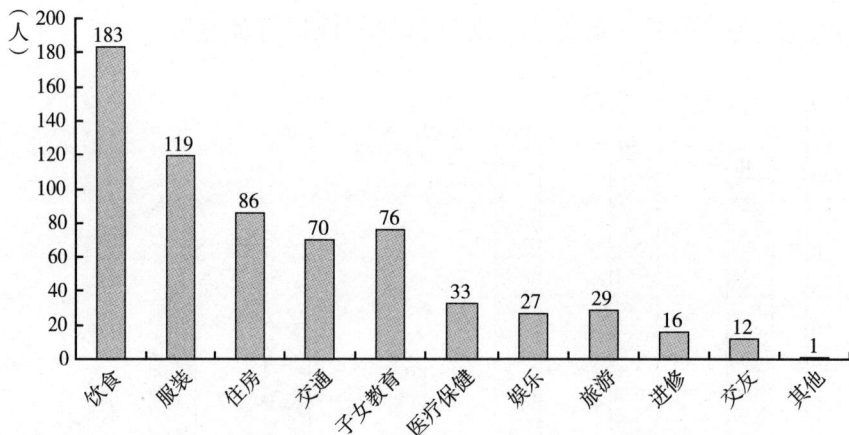

图4　受访者的消费支出情况

（七）性别平等状况

1. 工作中性别平等情况

在对工作中的性别歧视情况调查中，6.07%的受访者认为存在性别歧视，其中收入待遇方面存在歧视的占11.16%，晋升机会方面存在歧视的占12.56%，福利保障方面存在歧视的占8.37%。曾经因为性别而不被录用或者提拔的占4.19%，因结婚、怀孕和生育而被解雇的占3.26%。相较于其他行业，社会组织中较少存在性别歧视现象。

2. 家庭和社会性别平等情况

在家庭中，受访者认为性别平等的占 87.91%，而认为在社会中性别歧视现象严重的占 7.44%。

四 杭州女性参与社会组织的动力机制分析

（一）杭州女性参与社会组织的主要动力类型

1. 价值驱动型

在受访者中，约有 25% 的女性参与者属于价值驱动型。她们有很好的价值观，公益心和公共意识比较强。对于社会进步的推动程度，以及帮助别人、助人自助的良好心态是她们衡量职业和参与项目活动的主要标准。

2. 丰富自我型

在受访者中，约有 20% 的女性物质生活状况较好，空闲时间充裕，通过参与社会公益活动来丰富自己的生活，提升个人价值。这部分人以各类志愿者居多，有一些因参与程度的加深而逐渐转化为专业的社会组织工作者。如"涓涓互助"的谢军，原来是广州的一名志愿者，后来参与阿里巴巴公益基金会的一些工作，转而到杭州进行社会组织创业，与鲁达一起创立了"涓涓互助"，立志打造"公益界的淘宝网"。

3. 安于就业型

在受访者中，约有 35% 的女性是出于工作安逸规律、压力不大的考虑而从事社会组织工作的。她们一般在社区型社会组织中从事单一具体的社会服务性工作。但是这种工作状态将受到挑战。下城区正在进行的"项目社工"改革，将促使社区社工转型成为"项目社工"，即具有项目运营能力的专业社工。这对于此类型的女性来说，是一个严峻的挑战。

4. 社会使命型

在受访者中，约有 5% 的女性是带着清晰的社会责任感和使命感投身于社会建设和社会组织工作的。她们一般有着较高的教育程度，对于社会问题有着深刻的思考，有着奉献自我、改造社会的自觉意识。如茶行业联盟的王旭烽（著名作家，浙江林学院教授）、杭州"善论坛"负责人斯嘉（浙江大学博士）等。

5. 被动跟风型

在受访者中，约有13%的女性对于自己进入社会组织的目的不够清晰，对于自身和组织的发展愿景没有预期。很多是看到身边有朋友加入志愿组织或社会组织，感觉比较"时尚"而跟风参与的。这种类型的人员对于自身专业知识的提高一般缺少意愿，面对工作中遇到的困难常常望而却步。这种类型的人员如果较多的话，会使组织的发展壮大受到很大限制。

6. "混社会"型

在受访者中，有极少数女性属于这种类型。这种类型的人员一般家庭教育较差，学历水平较低，物质生活条件较差。有的自身个性也有问题，诸如好逸恶劳、好吃懒做、闲逛"混世"等。社会组织的社会属性，以及参与人员的公益精神和善心善意，使其比其他组织更便于容纳这部分人员，成了她们"混社会"的最佳场所。访谈中听到一个令人啼笑皆非的故事：一个19岁的女孩子，混迹于各种"公益群"中，以"抢红包"为主业，还和一些不良青少年混在一起。这种类型的人员参与社会组织，其目的只是为了简单地生存。

（二）杭州女性参与社会组织的动力类型分析

1. 动力类型的特点

值得说明的是，上述每一种类型都不能包括每个"人"参与社会组织的全部动力属性，这种"类型"只是说明以这种动力为主。

事实上，每个人不可能由单一动力驱动，也许有若干动力而形成一种有机的动力结构。深入研究这种动力结构也就是需求结构，引导形成较为合理的动力结构，能够引导更多女性社会组织从业人员向价值驱动型、丰富自我型、社会使命型等类型转变，同时能够给予更有针对性的外力支持。

2. 构成类型的原因

女性与生俱来的性格和心理优势，以及坚韧不拔与困难抗衡的斗志，都为女性从事社会组织事业提供了有利的先决条件。女性的爱心、细心和母性也使得许多女性对公益慈善事业充满了热情，并积极参与助弱扶贫工作，这是其参与社会组织的主要动力。

但是，随着社会结构的调整，旧的社会价值体系和道德伦理观念与新的发生碰撞，原来的公益观念变得模糊，作为支撑社会组织发展必不可少的志愿精神、公益精神和社会公信力，缺乏一定的社会环境，女性作为相夫教子的主体，回归家庭是传统主流观念，因此多数女性对参与社会组织和社会事务的自觉性和主体性仍然不足。此外，还有不少女性一直在社会组织工作低端徘徊，专业技能缺乏，这也使其缺少进一步发展的动力和能力。绝大多数女性社会组织领导者是兼职，大多在本职单位中担任领导职务，工作繁忙，精力不够，动力不足；即便是专职，女性也基本上从事办公室工作或者财务管理工作，不拥有组织活动的社会资源，不了解国内外女性社会组织的最新发展动态和成功经验，缺乏项目管理和组织内部管理方面的专业知识，只能从事基本的交流工作，领导能力也尚显不足。

五 影响杭州女性参与社会组织的支持机制原因分析

（一）政策层面的支持

杭州市委〔2014〕（16）号文件中规定，制定社会组织人才发展专项规划，加快建立与社会组织发展需要相适应的人才队伍……有关部门和组织应开展与社会发展需要相适应的从业人员基础培训和专职人才专项规划工作,重点培养职业化、专业化、年轻化的社会组织管理人员。加强社会组织专职人员从业管理,鼓励社会组织专职人员参加助理社会工作师、社会工作师等职业水平考试,将社会组织会员管理师、社会组织资金劝募师、社会组织项目服务督导师管理工作统一纳入全市社会工作人才队伍管理范围。人力资源和社会保障部门要为社会组织专职人员的专业技术职称评审工作做好相关服务。鼓励社会组织工作人员到党政机关、事业单位交流锻炼。积极探索在社会组织人才中选拔任用干部。鼓励在杭高校设立社会组织管理专业⋯⋯这种政策规定针对所有人员而非女性,目前并无仅针对女性参与社会组织的相关政策规定。

(二)社会组织层面的支持

从调研情况看,目前只有极少数社会组织对女性员工有支持措施。例如,绿色浙江一位女员工,是离婚的单亲家庭,孩子上幼儿园,她平时一个人带孩子。入职的时候,绿色浙江给她一个特殊的待遇:工作做完,可以提前去接孩子。每周六上班时,可以把孩子带到协会来。她对此非常感动,在协会工作非常舒心和顺畅。这种管理很人性化,也是对女员工的一种细致入微的体贴和照顾。这甚至可以让她们放下薪酬和发展空间方面的考虑,而对组织产生深深的认同感和归属感。但这种支持措施是临时的而非可持续的、个别的而非普遍性的、随性的而非制度化的,在现实中并不常见。

(三)家庭层面的支持

从调研情况看,绝大多数家庭在精神上都很支持女性从事社会组织工作。因为这种工作压力不大,比较适合女性的身心特点,收入虽然不高但是有一定保障，有相对多一点的时间和精力照顾家庭。在实际行动上也是比较支持女性从事社会组织工作的。

目前在调研中尚未遇到有人表示家人不支持自己工作的情况。大多数孩子比较小的家庭，都有老人帮助带孩子。家人在遇到女性需要加班等情况时，也都能够给予理解和帮助。

对其支持机制的分析如下。从家庭和社会组织层面来看，对女性人员给予一定的支持和关爱，女性的满意度也相对较高。但从政策和组织层面的支持机制来看尚未破题。目前各级妇联组织给予的制度化支持还比较少，社会公共文化与社会基金支持也比较少见。对于女性社会组织的扶持和优惠政策也相对较少，对接社会资源又缺乏平台和渠道，这都是应该在今后予以加强的。

六 优化杭州女性参与社会组织的动力机制与支持机制的对策与建议

（一）注重培育女性社会组织

这里的女性社会组织主要是指各类非营利的女性民间组织，是女性参与社会组织的最重要平台。建议把培育、促进女性社会组织发展，引导女性社会组织积极参与社会管理创新，作为当前妇联的首要工作之一，推动女性社会组织的专业化、区域化和多样化发展，初步建立以妇联组织为核心、以各类女性社会组织为依托的枢纽型、网络化妇女组织模式，逐步满足经济社会发展中不同利益群体妇女对物质和精神文化的多样性需求，有效推动妇女社会组织的覆盖和服务的延伸。组织女性社会组织参与民政部门公益创投活动和发展研究会主办的公益创客活动，开展专项培训和个性化辅导，通过政府购买服务和社会化投资两个渠道来提升女性社会组织承接项目的能力。要把女性参与社会组织作为加强社会治理的重要内容，重视研究女性如何在社会治理尤其是基层社会治理中发挥作用，探索鼓励女性参与社会组织和公共服务的有效机制，让广大女性的积极参与成为推进社会治理创新的重要动力。

（二）加强妇联组织保障

建议由市妇联牵头建立"杭州女性社会组织发展中心"，为全市的女性社会组织提供注册、年检、培训、交流等多种服务，同时为女性社会组织从业人员提供各种支持性服务。这样的组织构架既能保证妇联在党和政府研究制定法规政策时发出妇女社会组织从业人员的声音（如可在每年的市人大会议上，由女代表领衔提出建议），也能促进妇联扎根基层社区和社会组织，参与到最基层的社区治理中。这个中心可以和街道（乡镇）的"社区家庭文明建设指导服务中心"，以及居（村）委和部分高校、商务楼宇、工业园区的"妇女之家"形成联动机制，成为妇联直接听取妇女需求、联合女性社会组织及女性从业人员参与社会治理的阵地。

（三）形成项目联动工作机制

建议市妇联与市相关职能部门和区、县（市）联动，策划、组织并实施涉及妇女利益的且女性社会组织可以发挥重要作用的大型公共服务项目。可以依托"杭州女性社会组织服务中心"建立项目枢纽平台，一方面联动有相应政府购买服务需求的职能部门和区、县（市）；另一方面联动有意愿和有能力提供社会服务的女性社会组织或女性从业人员参与的社会组织，让两个方面对接起来，形成项目联动工作机制。这种政府购买需求体现在以下两个方面：一是该项目既涉及妇女切身利益，也属于职能部门的延伸服务范围，如文明礼仪、垃圾分类、妇女健康、家政服务、低碳出行等方面的项目；二是该项目涉及当地治理难题，可以通过发挥妇女优势特色来帮助解决，如可借鉴上海"维稳妈妈"项目的经验。这个项目就是为了解决街道的拆迁难题，由妇联组织女性社会组织介入，通过吸纳当地女性参与，逐渐转变她们的思想观念，进而影响各自的家庭，从而顺利解决了拆迁难题。因此，妇联组织应该探索如何形成联动工作机制，发现政府购买社会服务需求，对接购买服务项目、资金和女性社会组织、女性从业人员与志愿者的力量，在杭州社会治理中探索一条以妇联为枢纽的多方参与之路。

（四）制定社会组织女性人才发展专项规划

要建立起女性社会组织人才库，制定社会组织女性人才发展专项规划，培育各种专业性的女性社会组织从业人员，如养老领域、教育领域、心理咨询领域等，提升她们的专业技能，做好人才梯次培养和储备。要在杭州社会组织领域发掘一批女性社会组织优秀人才或领袖人物，对女性社会组织负责人、女性团队领导的培训应常态化，定期学习先进地区、先进组织的项目思路和组织建设成果，邀请相关专家进行督导服务，提高女性社会组织的项目策划和实施服务能力，形成一个有利于女性人才成长的生态圈。要在合适的时机推荐一批女性人才进入各级人大代表或政协委员候选人名单，帮助她们在更大的公共平台上发出声音、接受锻炼、更好成长，成为女性参与社会事务的榜样和典范。

（五）吸引女性社会组织人才在杭州创业发展

一是外部引进。直接从外部引进专业化领军人才，尤其是诸如养老、残疾人托养等人才紧缺的领域。二是高校培养。发挥杭州市高校资源丰富的优势，为女性社会组织培养具有新知识、新思想、新理论的专业人才，高校可外聘一些经验丰富、有一定理论素养的女性社会组织负责人作为指导老师。三是品牌集聚。利用目前较为优秀的女性社会组织品牌，如禾公益、雨露工作室等，吸引有爱心、有能力、懂管理、善经营、会公关的公益人才向杭州集聚，然后继续派生更多专业型社会组织，并培养其核心成员逐步成长为各自服务领域的领军人才。四是基层挖掘培养。很多奋斗在基层一线的女性，在社会组织领域独树一帜。鼓励街道和社区的社会工作人员成立有自己专长的工作室，在社区服务上发挥重要作用，并逐步提升其稳定性、专业化和职业化水平。可寻找社会资源建立女性社会组织能力建设基金。

（六）注重女性社会组织人员的四种能力建设

能力建设是女性社会组织人员事业发展的基础，也是激发其参与动力的重要环节。要注重培养以下四种能力。一是适应或引领组织文化的能力。组织文化是组织成员认可的价值、理念和目标等，是凝聚组织成员的力量。只有适应乃至能够引领组织文化，才能带领组织成员实现组织使命和宗旨。二是妇女领导活动的能力。也就是为了实现组织目标，在领导活动中制定并运用程序、规则和手段的能力，为政策制定提供信息、依据及可选方案。三是沟通与协调能力。女性参与的社会组织要在社会中立足，需从服务对象那里获取组织生存和发展的土壤；需接受党和政府的领导，从党和政府的支持中获取组织生存和发展的动力；需依靠社会各界的支持，从中获取组织生存和发展的力量。所以，沟通和协调能力非常重要。四是整合资源的能力，要能够整合组织内外各种要素和资源，加强组织与外部环境的协调统一发展。

参考文献

[1] 王名、刘培峰等：《民间组织通论》，时事出版社，2004。

［2］王绍光：《促进中国民间非营利部门的发展》，《管理世界》2002年第8期。

［3］王名：《走向公民社会——我国社会组织发展的历史及趋势》，《吉林大学社会科学学报》2009年第3期。

［4］李峰：《社会组织促进就业的价值分析及实现路径》，《中国劳动关系学院学报》2014年第3期。

［5］崔凤、牟丽娜：《我国民间组织从业人员社会保障问题分析》，《中共青岛市委党校青岛行政学院学报》2008年第2期。

［6］刘伯红：《中国妇女非政府组织的发展》，《浙江学刊》2000年第4期。

［7］谢莉、毕霞：《女性社会组织在社会管理中的作用研究——以江苏省为例》，《社会管理研究》2012年第2期。

［8］胡仙芝、余茜：《社会性别理论与社会组织发展策略探析》，《新视野》2010年第2期。

［9］庄平：《非政府组织与妇女发展》，《山东大学学报》（哲学社会科学版）2004年第2期。

［10］恽伟杰：《江苏省女性社会组织发展研究》，《中华女子学院学报》2014年第4期。

女性知识分子篇

Female Intellectuals

B.7
杭州女性知识分子职业发展的
影响因素及对策

潘昌明*

摘　要：　本文针对杭州女性知识分子在自身发展过程中受到的个
人、家庭、组织和社会各方面的影响问题进行了研究。
通过结构化访谈的方法，对40名在杭州工作的女性知
识分子进行了深度访谈，并根据访谈获得的第一手材
料，深刻剖析了影响杭州女性知识分子个人发展中的问
题，并提出了相应的对策和建议。

关键词：　杭州女性知识分子　职业发展　影响因素　对策

---

* 潘昌明，教育学硕士，杭州市杭商研究会。

一 研究背景

人力资源和社会保障部有关国家职业资格管理的职业分类中把知识分子作为第二大分类，专指从事科学研究和专业技术工作的人员。而职业发展的定义具有多层次的含义，个人通过自己的职业发展不断获得和积累社会资源，获得社会资源的能力不断提高，社会资源的存量不断增长。进入 21 世纪以来，随着女性受教育水平的不断提高，大量的女性知识分子在社会管理、科学研究、文化教育和卫生等领域发挥着重要的作用。但是，由于我国长期的传统文化的影响，女性依然是职业发展中的弱势群体。人们在研究妇女职业发展中的影响因素时发现，诸多因素仍然制约女性知识分子成长为社会的中坚力量。佟新、濮亚新（2001）认为妇女的职业发展受到职业认同、受教育程度、生命周期等多种因素的影响，并且建立了一个理论模型用来解释妇女的职业发展。程芳、周二华（2007）在总结以往研究的基础上，从组织的角度研究职业女性职业生涯阻隔上的组织因素，包括以下三个方面：男性主导的管理层结构、"男性"化组织文化和歧视性雇佣政策。李全喜（2009）依据实证数据从社会国家层面、单位层面和个人因素三个维度分析女性科技工作者职业发展的影响因素，并且提出完善制度、提升组织资本和人力资本是推动女性科技工作者职业发展的重要方法。

杭州地处长三角南段的核心区域，其人文、地理和社会环境都具有特殊性。杭州是南宋古都，拥有丰厚的历史文化积淀，当代更是高等学府的聚集地，人才的聚集提高了女性知识分子的受教育水平和文化素养。杭州是马可波罗笔下的天堂，是最具幸福感城市，也是全国宜居城市，并且有尊重女性的传统，这对女性知识分子的发展形成了一定的文化优势。杭州是中国电子商务之都、中国跨境电子商务综合试验区，经济发展活跃，创新创业的氛围浓郁，杭州市政府提供的政务环境优越，为杭州女性知识分子发展提供了良好的平台。因此，研究杭州的城市特性对女性知识分子发展的影响问题，对杭州市在今后更好地实现性别平等和妇女发展具有重要意义。事实上，杭州女性的职业发展与全国其他城市一样，不可避免地要受到传统文化、家庭、组织和社会等因素的影响。因此，本文将针对性地展开，并为促进杭州市委、市政府更好地规划杭州市女性知识分子的职业发展提供依据。

二 研究对象与研究方法

（一）研究对象

研究对象：在杭州从事职业发展的女性知识分子，共40人。行业分布：新闻出版和文化工作人员9人、工程技术人员6人、科学研究人员5人、教学人员5人、其他知识分子5人、金融业务人员4人、法律专业人员3人、卫生知识分子3人。年龄结构：23~29岁的有19人、30~39岁的有11人、40岁~49岁的有6人、50~59岁的有3人、60岁及以上的有1人。

（二）研究方法

本文采用研究性访谈的方法进行研究。所谓研究性访谈，即访谈的开展根据研究目的设计访谈提纲，对访谈对象的提问和采用的方法均围绕研究主题，访谈后所有的内容都转录为文本格式，并进行归纳和整理。研究性访谈根据不同的维度有不同的分类。在结构上，本文采取的是结构化访谈，即研究人员把握访谈的走向和步骤，从选择访谈对象开始，到提问的问题和顺序，以及记录的方法都采用相同的程序。在一次访谈的受访者人数上采用的是个别访谈法，即一次访谈只有一名受访者；在对同意接受访谈的受访者的访谈次数上采用的是一次性访谈，即以收集事实信息为主，不涉及追踪调查。

在研究性访谈的整个过程中，为了使访谈具有较高的信度，研究者必须确保访谈的过程、转录的方法和分析等步骤都具有一致性。孟慧（2004）认为，影响研究性访谈信度的三个因素为访谈设计、标准化和研究者的培训。本文力求达到以上三点要求，访谈之前形成访谈小组研究设计结构化的访谈提纲，并进行多次讨论和修改；访谈中按照访谈提纲进行提问；访谈后资料的转录采用统一的格式，数据的汇总采用同样的变量，数据的编码和分析采用统一的标准，因此能较好地做到标准化。研究者在正式访谈之前进行小组内的模拟访谈，在达到要求后才开始正式访谈，并且所有访谈的研究者都集中在比较固定的人员上，不会引起主试效应。

三 杭州女性知识分子职业发展的访谈结果与分析

（一）影响杭州女性知识分子职业发展的个人因素

1. 杭州女性知识分子职业选择的原因

将40名杭州女性知识分子关于职业选择的访谈记录进行关键词的提取，对提取后的关键词进行计数，再根据占总体40名杭州女性知识分子的百分比进行排序，并以柱形图的形式呈现（每一个接受访谈的杭州女性知识分子可能不止提及一个关键词，也可能未提及有效的关键词，因此所有关键词占比的总和不等于100%，下同）。根据图1，分别有35%和33%的杭州女性知识分子将专业对口和兴趣爱好作为职业选择的原因，这说明杭州女性知识分子在接受良好的教

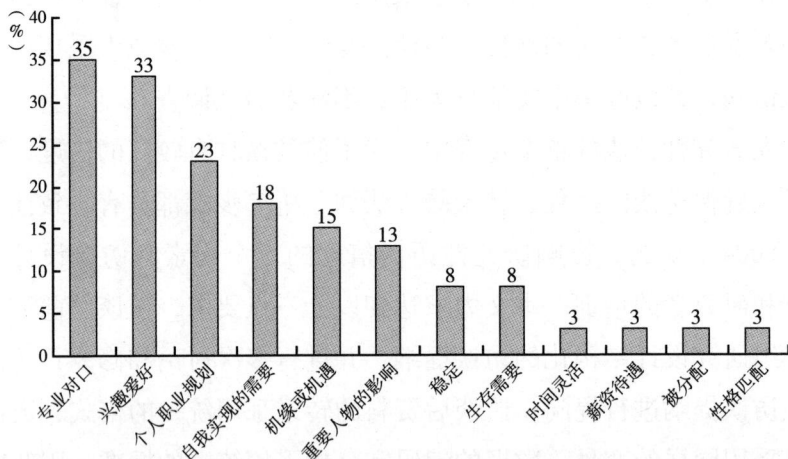

图1 杭州女性知识分子职业选择的原因（n =40）

育之后能够学有所用，并且结合个人的兴趣爱好，能够快乐工作；23%的杭州女性知识分子根据个人职业规划选择职业，考虑职业发展的前景、职业的挑战性等因素，这说明对杭州女性知识分子来说，职业选择的过程是一个理性的选择过程；18%的杭州女性知识分子选择职业时是为了实现自我价值，希望承担一定的社会责任，为社会做出贡献，并在某一领域能够有所建树，这类杭州女性知识分子多处于事业稳定期或是已经有所成就；15%的杭州女性知识分子选择职业时是因为机缘或机遇，女性知识分子的职业选择具有一定的随机性和不确定性，杭州女性知识分子更应反思自己，从自身出发提升相关领域的综合素质和水平，把握职业发展的机遇；13%的杭州女性知识分子选择职业受到了重要人物的影响，可见杭州女性知识分子的职业选择和所处的社会关系网络有着紧密的联系；低于10%的杭州女性知识分子出于稳定、生存需要、时间灵活、薪资待遇等选择职业，这类杭州女性知识分子多处于事业发展的初期或是刚毕业的女大学生。

刚就业或处于事业发展初期的女大学生，首先要满足生存的需要，在专业、能力、兴趣最佳组合内找到一份可以谋生的工作，有时候甚至是被动地去选择，但在拼搏和摸索的过程中学习和积累经验；对于经过多年职业生涯探索之后，事业基本稳定并获得一定职业地位的女性，在满足了自身的生存需要后，往往会去追求一定的社会理想，希望能够对社会做出一些贡献，使自身得到发展，自我成长和求知的欲望较为强烈。这样的职业发展路径与马斯洛需求层次理论相符合。

2. 杭州女性知识分子职业生涯的压力

关于杭州女性知识分子职业生涯的压力，数据处理的方法和呈现的形式同上，不同的是分为与男性无差异和与男性有差异两类，并在两种分类下进行排序。研究结果显示，部分杭州女性知识分子认为职业发展的压力与男性没有差别，主要表现为：23%的杭州女性知识分子认为压力来自工作本身，开创性的领域没有先例可循，需要去探索和创新，工作烦琐、节奏快、强度大，甚至在一段时间的职业发展后遇到了瓶颈；20%的杭州女性知识分子选择了适合自己的职业，在工作岗位上能够发挥自己的优势，且一些单位男性所占的比例较少，因此感受不到比男性更大的职业发展压力；10%的杭州女性知识分子受男女平等意识的影响，她们在职业压力的感知上忽视了性别上的差异；5%的杭州女性知识分子的压力来自个人的性格、未婚、专业能力及经济上的承受能力等其他方面。

部分杭州女性知识分子认为职业发展的压力比男性更大，主要表现为：30%的杭州女性知识分子受家庭的影响更大，需要付出更多的时间和精力来照顾家庭，从而影响职业发展；13%的杭州女性知识分子认为社会评价标准不公，传统观念中存在性别差异，男性更容易获得认可，且若要达到同样的标准女性需要付出更多；10%的杭州女性知识分子为了跟上时代的潮流，紧追行业的发展，面临社会竞争以及不断学习的压力，譬如"70后"高管面临管理新生代员工的问题而备感压力；5%的杭州女性知识分子认为社会交往中男性在酒桌应酬上更方便，在迎合领导上更主动；分别有5%的杭州女性知识分子认为压力来自受到女性生理上的限制以及女性职业发展的周期比男性短，导致她们在付出体力和精力时不及男性，同时女性生育、哺乳及退休年龄比男性早导致杭州女性知识分子职业发展的整个有效周期比男性短，在时间和精力上备感压力（见图2）。

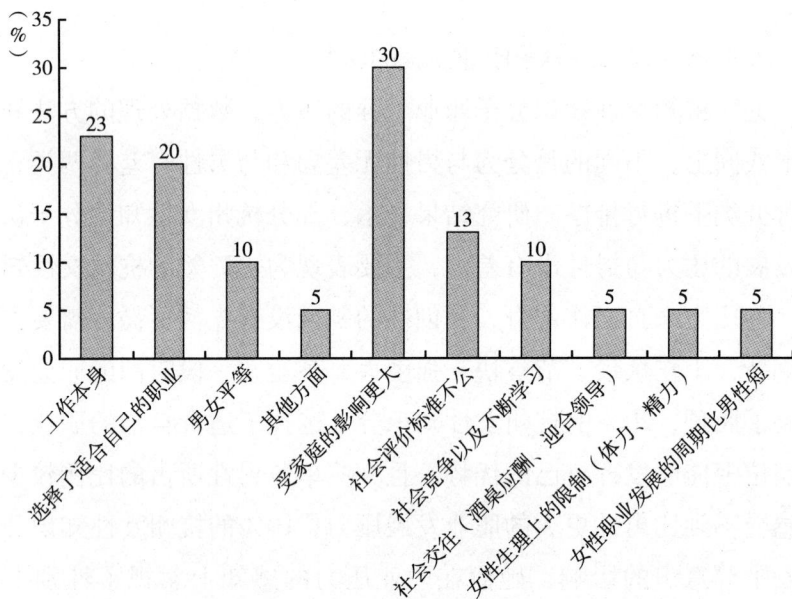

图2　杭州女性知识分子职业生涯的压力（n=40）

3. 杭州女性知识分子职业发展的目标设定

关于杭州女性知识分子职业发展的目标设定研究结果显示，部分杭州女性知识分子在职业发展的目标设定上低于男性，主要表现为：10%的杭州女性知识分子受传统性别角色观念的影响，认为男性应该承担更多的家庭经济责任，男性应该更强大；10%的杭州女性知识分子受到家庭的牵绊较多，更多地考虑家庭从而降低职业发展的目标；5%的杭州女性知识分子认为女性在体能上一般弱于男性，这使她们设定职业目标时低于男性。

部分杭州女性知识分子的职业发展目标与男性没有差异，主要表现为：45%的杭州女性知识分子沿着自己的职业规划路径发展，这也包括实现企业的价值；28%的杭州女性知识分子有着良好的职业发展心态，虽无明确的目标，但坚持自我的同时希望脚踏实地把本职工作做好。

对比两种分类，虽然无法直接进行比较，但大体可以推测，小部分杭州女性知识分子受传统观念、家庭以及女性生理制约的影响，绝大部分杭州女性知识分子在设定职业生涯的目标时不会低于男性，她们对自己的职业发展有很高的要求，会沿着自己的职业规划发展，会调整心态做好本职工作，最重要的是都坚持拥有自己独立的工作（见图3）。

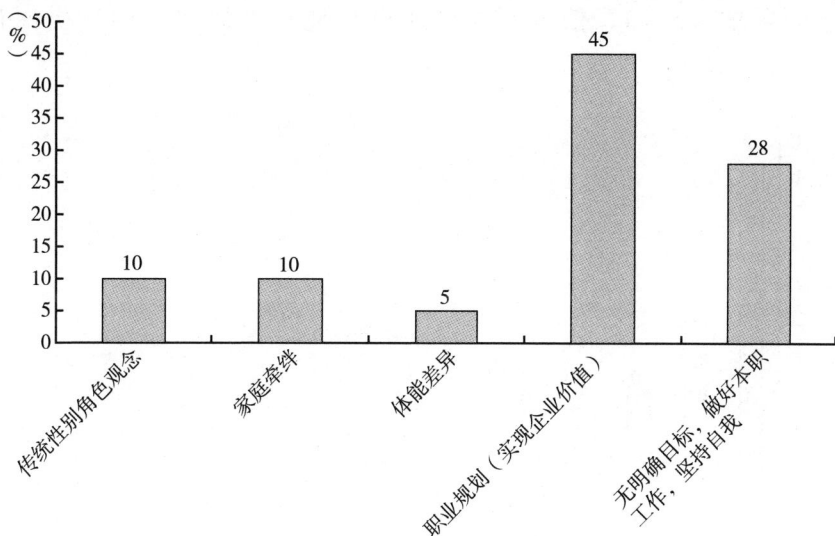

图3　杭州女性知识分子职业发展的目标设定（*n* = 40）

4. 杭州女性知识分子职业发展中哪些方面比男性更有优势

关于在杭州女性知识分子职业发展中哪些方面比男性更有优势，研究结果显示，大部分杭州女性知识分子认为女性职业发展中在某些方面比男性更有优势，主要表现为缜密细心和细腻（43%）、换位思考和沟通能力强（20%）、观察力强且具有主观能动性（10%）、周到耐心（8%）、柔性的社会精神力量（管理）（8%）、表达能力强（5%）、亲和包容（5%）、认真（5%）、勤奋（5%）以及其他女性特质（3%），如清爽简单、勇于认错、体贴、文字功底强、联想丰富、富有爱心和责任心、情感共鸣多、敏感、安静、流程逻辑思维强、整洁。杭州女性知识分子在职业发展中的优势主要是女性自身的女性化特质所表现出来的优势，也符合社会对女性这一性别角色的期望。同时，也有部分杭州女性知识分子认为女性在职业发展中并不比男性更有优势，主要表现为个体差异大于性别差异（8%）、女性职业生涯发展的周期较男性更短（5%）、结果导向的社会不会降低对女性的要求（5%）、依据岗位性质刻板地把女性归为内勤类岗位（3%）（见图4）。

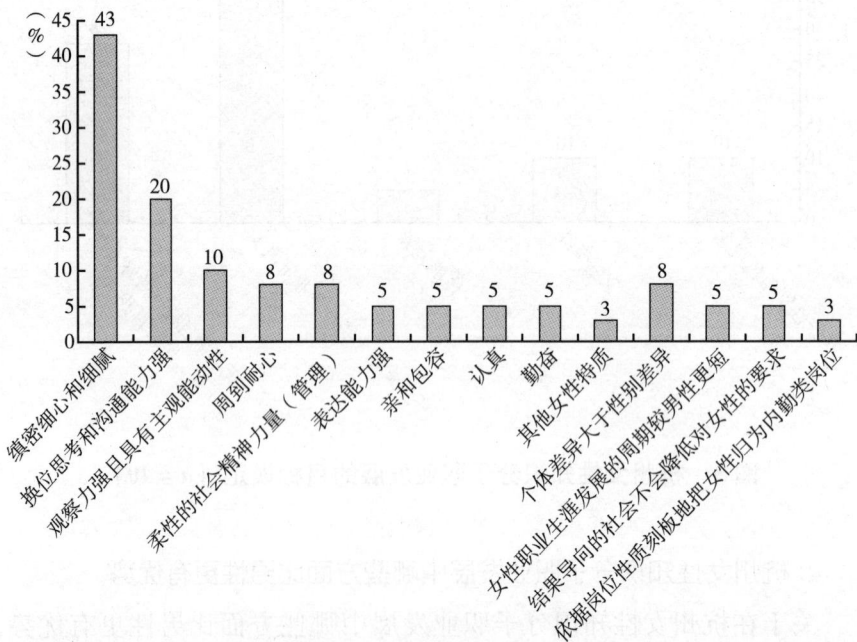

图4 杭州女性知识分子职业发展中哪些方面比男性更有优势（$n=40$）

5. 怀孕和生育对杭州女性知识分子职业发展的影响

研究结果显示，怀孕和生育对杭州女性知识分子职业发展的影响可分为较大影响和影响不大两类。从孕期、生育后和未育的时间维度进行归纳分析，怀孕和生育对杭州女性知识分子的职业发展影响较大的主要表现有：第一，怀孕期间伴随生理的变化，相应产生了情绪、心态等心理的变化（13%），为了适应变化需要占用更多的精力或精力分散（23%），从而使工作及学习的效率下降（10%）；第二，生育阶段与工作脱轨，使得回归工作岗位后要适应组织政策的变化，个人能力难以恢复到原有水平，也存在被他人取代自己的风险，需要重新规划职业生涯（28%），同时生育后要承担照顾孩子的责任（10%）；第三，怀孕和生育的中断期，对工作不能全身心投入，造成育龄未育的女性就业不受欢迎（8%），正是因为怀孕和生育对杭州女性知识分子的影响较大，迫使未育的杭州女性知识分子推迟生育年龄，导致大龄产妇的出现甚至可能错过怀孕生子的机会（5%）。

同时，有小部分杭州女性知识分子认为怀孕和生育对其职业发展的影响不大，主要表现为：未孕的女性无法预知这种影响的大小（8%）；怀孕、生育和哺乳期对职业的影响较大，但就整个职业发展来说影响并不大（8%），这是从比较宏观的视角来看待女性生育对其整个职业发展的影响；女性自身如何平衡工作和家庭是关键，调整好自己的心态，在保证家庭和睦的前提下追求职业的发展，建议放慢职业发展的速度来更好地为家庭服务（5%）；时间是可以从家庭中挤出来投入职业发展中去的，女性要有合理的时间规划的概念（3%）；个人积极价值观的引导有助于杭州女性知识分子协调好怀孕、生育与职业发展的冲突（3%）（见图5）。

6. 影响杭州女性知识分子职业发展的个人因素

关于影响杭州女性知识分子职业发展的个人因素主要表现为家

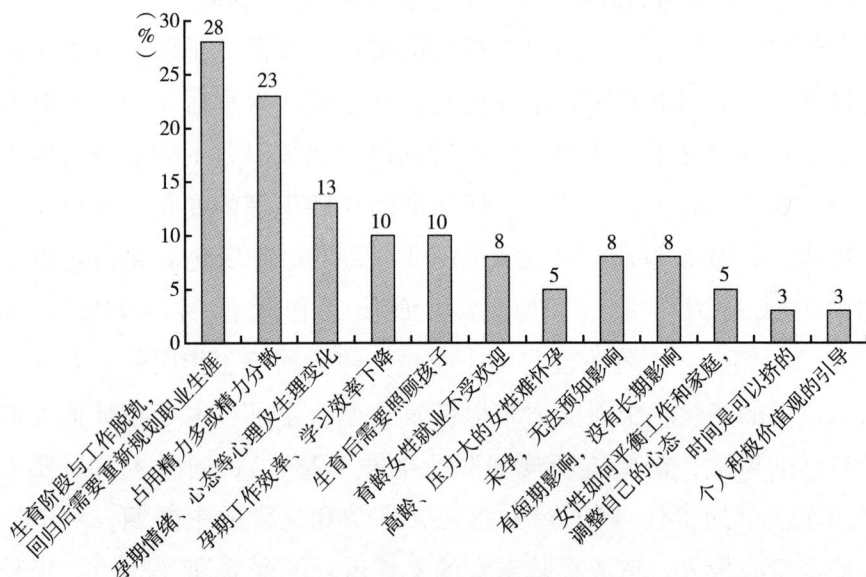

图5 怀孕和生育对杭州女性知识分子职业发展的影响（n=40）

庭因素（13%）、性格（10%）、时间和精力有限（5%）、才能（5%）、职业发展前景（5%）、经济压力（5%）、家庭背景关系及人脉（3%）、其他因素（如内在动力、兴趣、毅力、安于现状的心态、经验、学习惰性、创新性）（3%）、思维方式（3%）、男性社会下的自我意识和要求（3%）、主动学习的意识（3%）。我们发现，可以从内外因的角度来分析以上影响因素，可将性格、才能、内在动力、兴趣、毅力、心态、学习惰性、主动学习的意识、自我意识、思维方式和创新性归为内因，是个体内在自发的原因；将家庭因素、时间和精力、职业发展前景、经济压力、家庭背景关系及人脉、经验归为外因，是来自客观外在的因素（见图6）。

（二）影响杭州女性知识分子职业发展的家庭因素

综上，杭州女性知识分子基本上科学地选择了自己的职业，设立

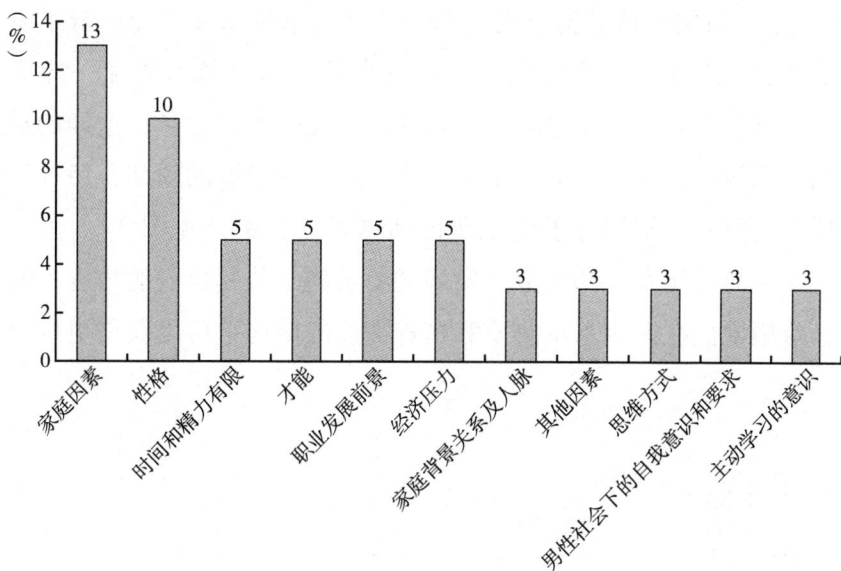

图6 影响杭州女性知识分子职业发展的个人因素（*n*=40）

了较高的职业发展目标，在职业发展中也有自己的优势，但职业生涯中压力最大的来源是家庭的影响，同时杭州女性知识分子认为影响职业发展最多的是家庭因素，如怀孕和生育对其职业发展影响较大，因此，下面我们针对家庭因素对杭州女性知识分子职业发展的影响结果进行分析。

1. 父母对杭州女性知识分子职业发展的态度

在父母对杭州女性知识分子职业发展的态度方面，33%的杭州女性知识分子表示其父母会尊重她们的职业选择，会对她们表示支持和理解。有些父母受其自身文化水平的制约而无法干涉；有些父母即使开始不同意最后也会尊重其意愿；有些父母很开明。大多数杭州女性知识分子的父母要求较低，一般是希望她们工作稳定（20%）、日子过得去（15%）、快乐自在就好（5%），持支持的态度；少数父母的受教育水平较高，希望杭州女性知识分子能在学术上有所成就

（5%）；少数父母持其他态度（3%），如要求杭州女性知识分子有自己的事业、工作要受人尊敬、得到更高的薪酬以及与男性一样成功等，还有个别老一辈革命家父母认为一切要为工作让步，这样的观念影响了杭州女性知识分子的工作态度。对职业发展的预期，15%的父母期望杭州女性知识分子的职业得到更好的发展（见图7）。由此可见，父母对杭州女性知识分子发展的要求均是从其自身的角度来考虑的，希望她们在满足基本物质和精神需要的前提下可以获得更好的发展。

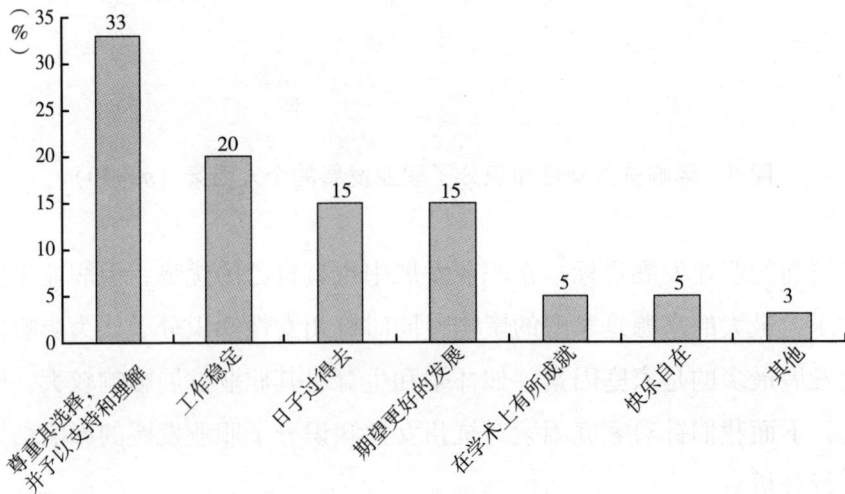

图7　父母对杭州女性知识分子职业发展的态度（n＝40）

2. 丈夫对杭州女性知识分子职业发展的态度

关于丈夫对杭州女性知识分子职业发展的态度，调查结果显示，35%的丈夫希望杭州女性知识分子在职业发展的同时要兼顾起家庭，投入工作的精力不要太多，最好从事一份更有利于孩子成长的工作，甚至个别丈夫希望能全职照顾家庭；28%的杭州女性知识分子表示她们的丈夫对其职业发展的要求不高，认为一般就行；23%的丈夫对杭州女性知识分子的职业发展表示尊重和理解，能够配合妻子的工作时间或在妻子遇到工作上的困难时帮助其分析并提出建议；5%的丈夫对杭州女性知识分子寄予厚望，定位为女强人，希望其在事业上有所发展，并引以为豪；3%的丈夫希望杭州女性知识分子得到更高的薪资；同样有3%的丈夫希望杭州女性知识分子换一份更为稳定的工作（见图8）。

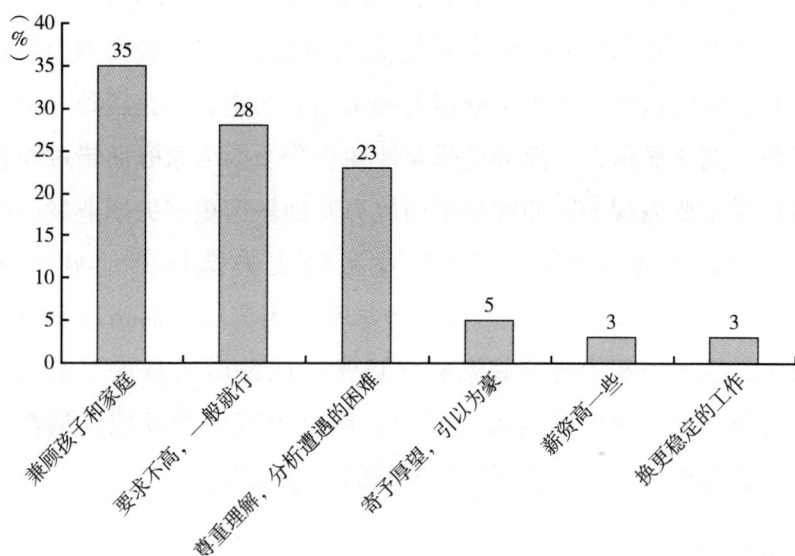

图8　丈夫对杭州女性知识分子职业发展的态度（$n=40$）

夫妻双方组建的家庭作为社会的基本单元，传统性别角色的观念要求男性作为家庭主要的经济支撑，丈夫对杭州女性知识分子职业发展的要求不高，但都希望兼顾起家庭，协调好家庭和工作之间的冲突，同时部分丈夫对杭州女性知识分子的职业发展表示理解和支持，与妻子共同承担照顾家庭的责任，甚至能在职业发展中提供帮助。随着时代的变迁和性别平等意识的增强，少数杭州女性知识分子凭借自己的个人禀赋在职业生涯中得到了较好的发展，在家庭单元中甚至好过丈夫，其丈夫能引以为豪，男女双方的心态较为平和，这恰恰是新时代背景下男女双方打破传统观念的束缚，相互支持和理解。同时，对于奋斗打拼的年青一代，夫妻双方共同承担了家庭的经济责任，丈夫会希望杭州女性知识分子得到更高的薪资来减轻家庭的经济负担，可见杭州女性知识分子在家庭中的地位越来越高。

3. 杭州女性知识分子是否因为家庭错失职业发展的机会

杭州女性知识分子在错失职业发展的机会方面呈现为因为家庭错失、其他原因错失、未因家庭错失和未错失四类，并在四种分类下进行排序。图9显示，一部分杭州女性知识分子因为家庭而错过职业发展的机会主要表现为因照顾孩子而放弃其他城市更好的职业发展机会（15%）、处于生育阶段（8%）及跟随丈夫选择其他城市从业（3%）。还有一部分杭州女性知识分子并未因为家庭而错过职业发展的机会，主要表现为协调好家庭（13%）或是历史背景下家庭已经不再是牵制职业发展的因素（3%）。围绕家庭因素发现，是否错过职业发展的机会与能否协调好与家庭的关系很大。

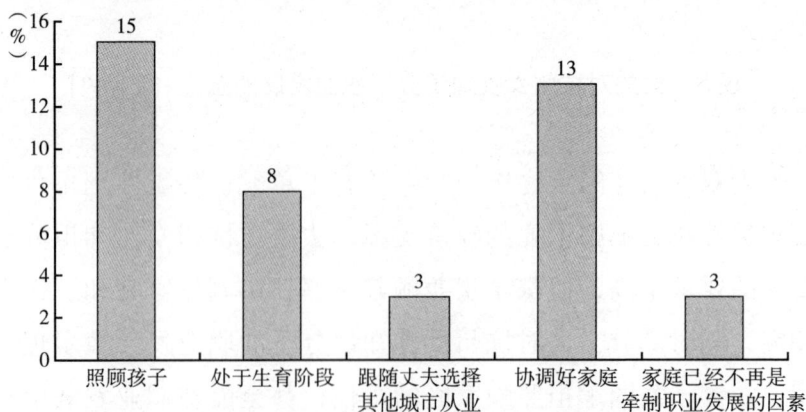

图9 杭州女性知识分子是否因为家庭错失职业发展的机会（*n* =40）

4. 杭州女性知识分子的职业发展对子女家庭教育的影响

杭州女性知识分子的职业发展对子女家庭教育的影响可分为较大影响和影响不大两类。绝大多数杭州女性知识分子认为自身的职业发展会对子女的家庭教育造成较大影响，主要表现为：由于自身职业发展的需要，陪孩子的时间变少，一般由其他人带孩子（18%）；职业发展中接触人群的范围和层次相应影响子女接触人群的范围和层次（10%）；同事之间交流各种教育方式，对于自己的教育方式有借鉴作用（8%）；普遍比较重视孩子的教育，会形成比较科学的教育观念（8%）；拥有自己事业的独立女性对子女是一种正面榜样的引导，传达了正能量和自力更生的价值观（8%）；工作中与各种人沟通交流影响与孩子交流的技巧（5%）；在各行各业中，由于接触领域的专业性会对其子女有各方面的教育，如安全教育、爱的观念教育、普通话发音的技能教育及影响下一代的职业选择（3%）；在空余时间更多的是用来充实自身的知识，和孩子一起学习看书，形成了良好的学习氛围（3%）；更包容孩子（3%）；虽然全职太太陪伴孩子的时间充足，但是对孩子的教育会造成不好的影响，孩子会形成性别角色的刻板印象（3%）；职业女性的角色影响子女的性别平等的意识（3%）；总体上利大于弊（3%）。

另外，有部分杭州女性知识分子认为自身的职业发展不会对子女的家庭教育造成较大影响，主要表现为：相较于教育方式，个人修养，包括文化背景和个人特质，更能潜移默化地影响子女的家庭教育，而不是职业（8%）；客观上孩子成年，不存在职业发展影响孩子教育的问题（3%）；职业和家庭是分开的，个人职业发展与孩子的家庭教育之间不存在相互影响（3%）（见图10）。

5. 影响杭州女性知识分子职业发展的其他家庭因素

影响杭州女性知识分子职业发展的其他家庭因素包括：处理好

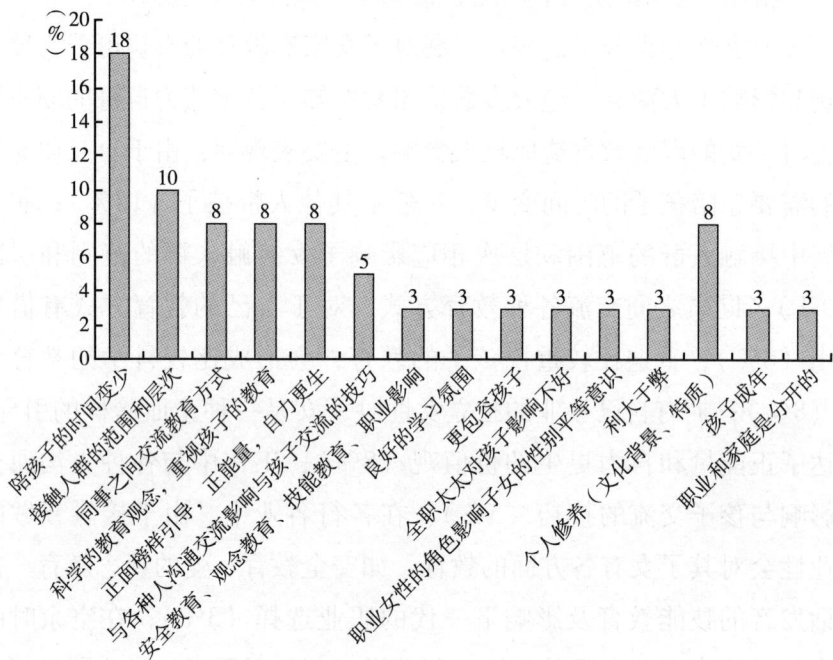

图10　杭州女性知识分子的职业发展对子女
家庭教育的影响（n = 40）

工作与家庭之间的冲突（25%）；获得家庭的支持（8%）；夫妻双方共同承担家庭压力（3%）；社会对女性更宽容，家庭对女性职业发展的束缚越来越小（3%）；夫妻感情和睦（3%）。同时，5%的杭州女性知识分子认为男性家庭地位的观念对其职业发展具有双面性：开放的观念会促进杭州女性知识分子的职业发展；保守的观念会制约杭州女性知识分子的职业发展。社会根深蒂固的观点要求男人比女人强，当家庭中的这种关系反转后，男人觉得无面子，使离婚的可能性增加，从而间接影响杭州女性知识分子的职业发展（见图11）。

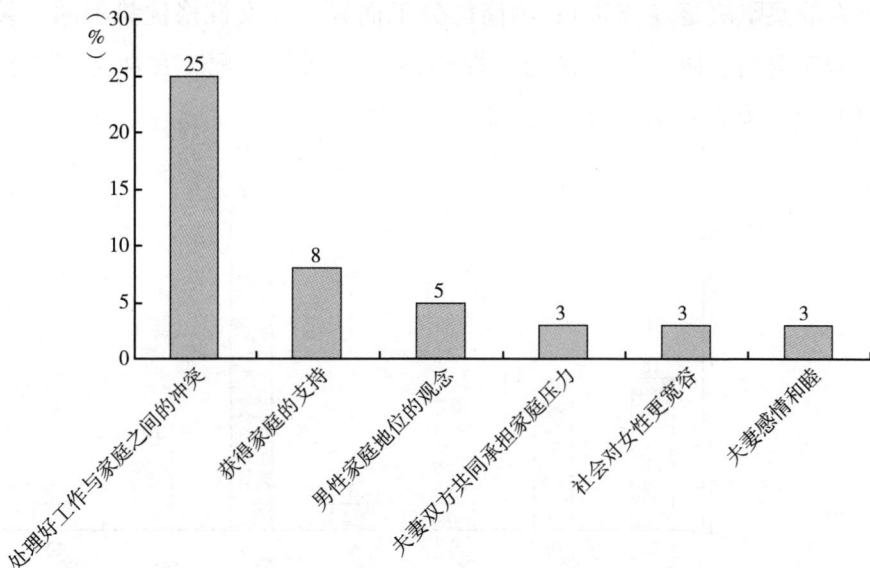

图 11　影响杭州女性知识分子职业发展的其他家庭因素（*n* = 40）

（三）影响杭州女性知识分子职业发展的组织因素

1. 对"男性比女性在职业发展中更有优势"的态度

比较杭州女性知识分子与男性的职业发展，数据处理显示，存在男性更有优势和男性并非有优势两种情况。部分杭州女性知识分子比较认同职业发展中男性比女性更有优势，主要表现为：男性追求金钱的欲望更强烈，商业思维更发达，更有拼劲，精力更充沛，无生育期，视野更开阔，思维更敏捷，遇事更豁达（18%）；普遍意义上，男性的职业发展受到的干扰少，社会支持较多，后顾之忧少（15%）；男性更擅长数理化知识（3%）；男性的职业发展周期持续和长久，对于从事不能间断和强度大的工作更有优势（3%）。另一部分杭州女性知识分子并不认同职业发展中男性比女性更有优势，主要表现为：在公平竞争的大环境中，男女没有显著差别，职业发展由个人的禀赋决定（38%）；因岗位分工而异，男女性格优势不同，某些需要沟通、协调的工作与女性的性格特征更匹配，女性更有优势（10%）；女性精力更集中（3%）（见图12）。

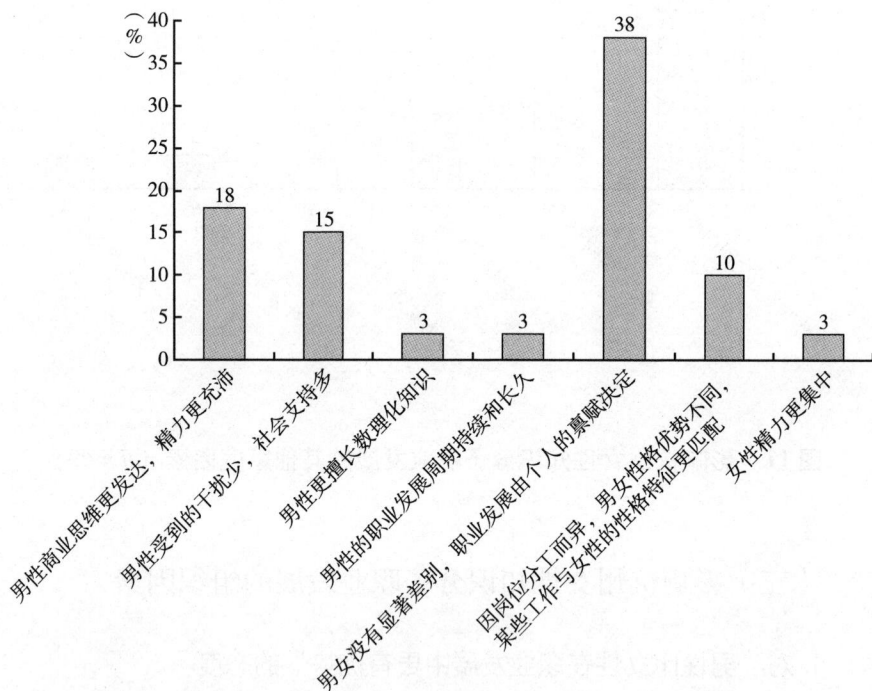

图12 杭州女性知识分子的职业发展与男性的比较（n=40）

2.组织环境对杭州女性知识分子职业发展的影响

在职业发展环境方面，杭州女性知识分子认为，与男性相比，无性别限制，没有专门针对女性的政策制度（40%）；虽然没有明显的性别限制，但落实会有差异（8%）；针对女性的政策主要是三八妇女节发放礼品、女性怀孕期间的产假以及哺乳假等符合国家规定的女性福利（8%）。同时，少数杭州女性知识分子认为一些共性的政策也影响了职业发展，如职业资格考试会有补贴，激励从业人员积极备考（3%）；职称评价体系不科学，不能达到公平激励的目的（3%）；硬性要求导致女性的压力比男性更大（3%）；定期考核促使从业者不断学习，更新知识体系（3%）；激励政策不合理，不能更好地服务于组织目标（3%）；思想政治教育会议过于烦琐，影响工作效率（3%）；扶持个人职业发展，允许提出要求，组织培训和指导（3%）（见图13）。

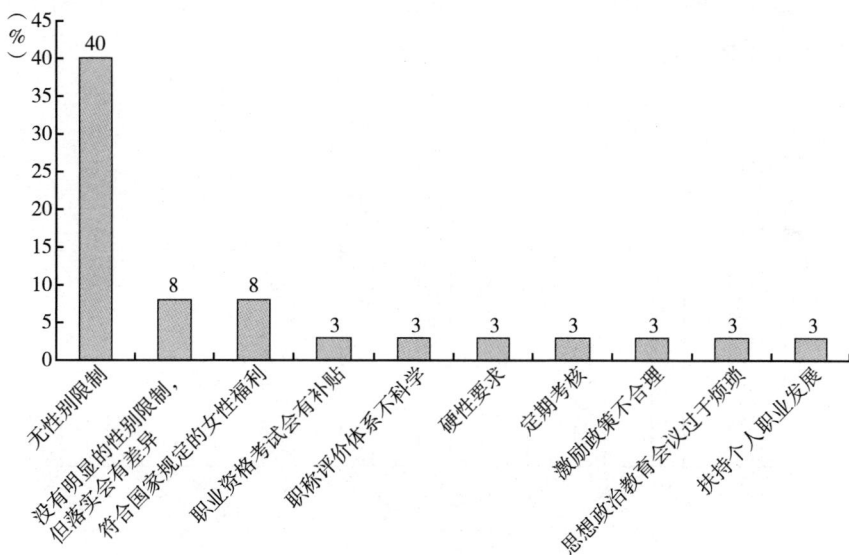

图13　组织环境对杭州女性知识分子职业发展的影响（n=40）

3. 提拔管理层时杭州女性知识分子能否与男性平等竞争

在提拔管理层时杭州女性知识分子能否与男性平等竞争方面，杭州市女性知识分子认为可以分为能与男性平等竞争和男性更有优势两类。部分杭州女性知识分子认为在提拔更高管理层时男女能平等竞争，主要表现为：竞争的依据是个人的能力和修养（18%）；平等是有条件的，因岗位而异，社科类的岗位能平等竞争，但工程类的岗位是不能平等竞争的（13%）；领导的公平观念影响很大（5%）；小单位扁平化的组织结构不存在提拔管理层的问题（3%）。多数杭州女性知识分子认为在提拔管理层时男性更有优势，主要表现为：男性兼顾家庭的时间和精力较少，受到的干扰较少，有更多的时间和精力投入职业的发展中（18%）；传统观念认为男性更适合管理层，易得到重视，事实也表明女性只是高层管理的点缀（15%）；男性的业务能力更强，承受力更强（10%）；男性更强势，思维冷静（5%）；企业经营需要长期稳定的员工，男性更稳定（3%）；男性的青年期更长（3%）（见图14）。

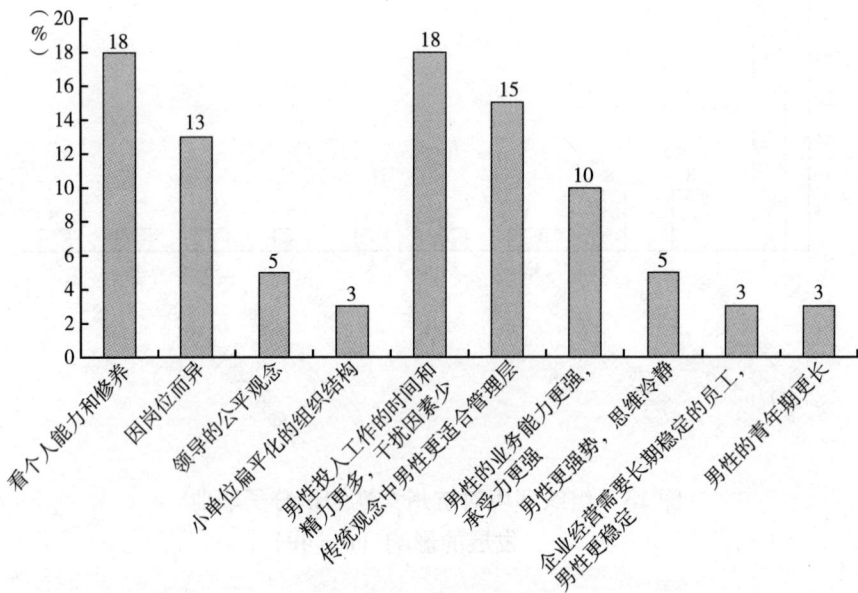

图 14　提拔管理层时杭州女性知识分子能否与
男性平等竞争（ *n* = 40 ）

（四）影响杭州女性知识分子职业发展的社会因素

1. 杭州女性知识分子对"女博士更容易成为'剩女'"的态度

杭州女性知识分子对"女博士更容易成为'剩女'"的态度也分为认同和不认同两类。一部分杭州女性知识分子比较认同"女博士更容易成为'剩女'"，主要原因有：男女两性的择偶标准是男强女弱，高学历会给男性造成无形的压力（40%）；女博士的年龄一般较大，女性择偶的年龄优势没有了（13%）；女博士成为"剩女"的概率增大，是一种可能性，并且确实存在（10%）；女博士专注科研，忽视交际（8%）。另外一部分杭州女性知识分子对"女博士更容易成为'剩女'"这一说法是不太认同的，主要原因有：与自身的定位和婚恋观有关，知识只是一种生活技能，是武装自己的力量（23%）；读书与恋爱不矛盾，学历与婚姻不冲突（18%）；有些人博士期间结婚，生活能力强（8%）；年龄是关键，和学历本身无关（5%）；择偶阶梯不合理，一味追求更高的条件和要求导致被剩下，而不是由于高学历被剩下（5%）；概念的界定不同，读完书再择偶不是被剩下而是个人的选择问题（3%）；有些女博士情商较高，不会被剩下（3%）；发展不全面的女博士更容易被剩下（3%）（见图15）。

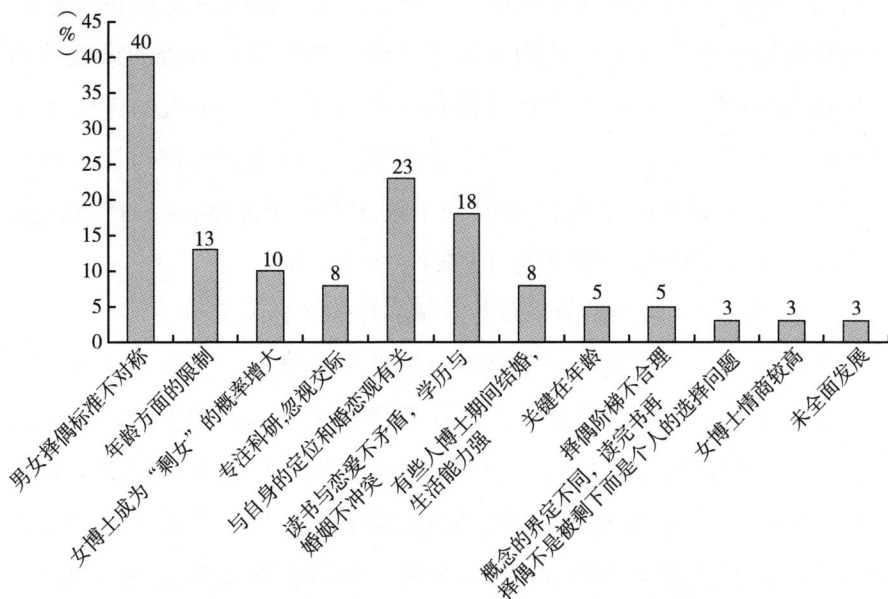

图15 杭州女性知识分子对"女博士更容易
成为'剩女'"的态度（$n = 40$）

2. "男主外、女主内"的传统观念对杭州女性知识分子的影响

"男主外、女主内"的传统观念对杭州女性知识分子的影响也可分为影响较小和影响较大两类。一部分杭州女性知识分子认为"男主外、女主内"的传统观念对职业发展的影响较小，主要原因有：夫妻双方究竟谁主内、谁主外是可以根据双方的发展阶段相互进行协调的，事业发展好的主外，并非一定由女性主内，在女性发展较好的时间，男性也可以主内（25%）；职场是不分男女的，现代女性有自己的工作，保持经济上的独立，并非是"主内"（18%）；这一传统观念在大城市中的影响越来越小，可能是因为大城市中纯粹主内的女性很少，很多女性在各行各业发挥着重要的作用（10%）；职场和家庭是可以很好地进行协调的（5%）。另一部分杭州女性知识分子认为"男主外、女主内"的传统观念对职业发展的影响较大，主要原因有：传统社会性别角色对两性的要求不同，主内占据了女性的时间和精力，束缚了女性的职业发展（15%）；这一传统观念使得女性强于男性时男性会有压力，认为男性更适合在外打拼，传统的家庭结构符合自然规律，会使得家庭相对稳定一些（15%）；个人的定位和选择不同，把精力放在家庭上也不全是坏事，全职太太同样可以与时俱进（5%）；未婚的杭州女性知识分子还未真切感受到这一传统观念的影响，步入婚姻后影响更大（3%）（见图16）。

3. 影响杭州女性知识分子职业发展的其他社会因素

在影响杭州女性知识分子职业发展的其他社会因素方面，有三个因素不属于社会因素的范畴，可见这些因素的影响是很大的。在个人方面，内因的作用大于外因，个人的职业发展更应该靠自己的努力和修炼（8%）；在家庭方面，家庭的牵绊较多，占用了大量的时间和精力，导致投入职业发展的时间减少（5%）；在女性化特质方面，虽然女性善于沟通和交流，但是建立从无到有的沟通渠道有困难，女性不擅长建立自己的人脉和社会关系网络（5%）。另外，杭州女性

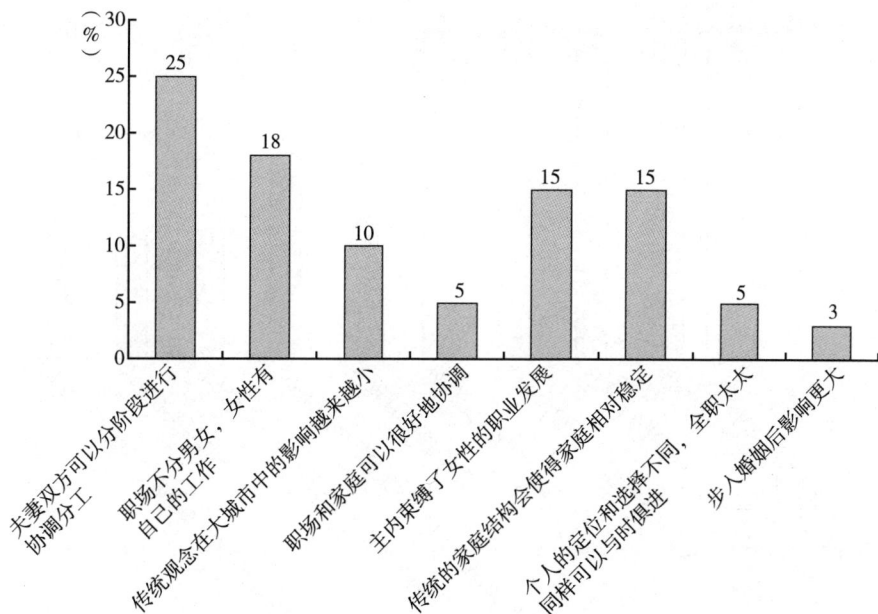

图16 "男主外、女主内"的传统观念对杭州女性
知识分子的影响（n =40）

知识分子提及的社会因素有：社会舆论和媒体宣传形成职业刻板印象，职业外的大众并不能真正理解职业的性质，导致社会认同度不高，但也激励有些个人不断提升自己以达到社会要求的高度（8%）；在入职选择（招聘）中一般会偏向男性，使得女性在进入职业最初就受到了不公平的待遇（8%）；在社会观念中男性更有优势，女性会有一种"差不多就行"的心态，甚至会隐藏自己的优势（8%）；政府的政策和国家重视某行业的发展都会从宏观上影响整个行业的发展，而单位的改革又从微观上改变了工作的方式，这就需要时间去适应新的政策和新的变化（5%）；领导只关心业绩，这种考核体系会使得杭州女性知识分子的职业发展不够全面和系统（3%）；社会对女性在家庭和职业两方面的要求使得女性备感压力，同时社会偏见认为高位女性的存在是正当的（3%）（见图17）。

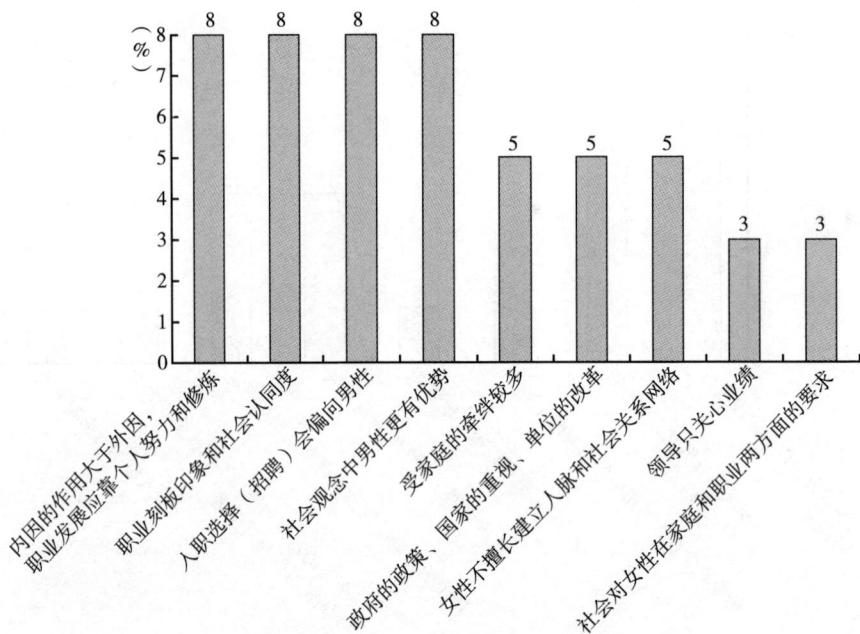

图 17   影响杭州女性知识分子职业发展的其他社会因素（ $n = 40$ ）

四   引导杭州女性知识分子职业发展的对策

（一）积极引导女性知识分子发挥自身的智力优势

在生理上，与同年龄段的男性相比，女性普遍比较弱小，承受压力的能力较差，这往往会造成女性的成就意识不强，追求安逸，缺乏竞争意识，安于现状，不思进取，循规蹈矩，甚至认为女性的智力不如男性。因此，我们应该积极宣传杭州女性知识分子取得的成就，充分发挥杭州女性知识分子的能力和智力优势，让全社会都看到女性知识分子具有缜密细心和细腻、换位思考和沟通能力强、观察力强及主观能动性强、周到耐心、柔性的社会精神力量、表达能力强、亲和包容、认真、勤奋等性别特质。同时，还应帮助女性知识分子树立积极的人生价值观，增强女性对社会的责任感和使命感，激发女性多方面的潜能，以自信、独立的精神去追求更高的人生价值。除此之外，也要重视杭州女性知识分子的知识储备、学习能力以及相应的心理素质等综合素质的培养，鼓励杭州女性知识分子更好地发挥自己的才能，增强内在动力，做好职业发展规划，争取自身事业发展的权益。

（二）促进杭州女性知识分子的和谐家庭建设

要帮助女性知识分子调整"四期"的影响。女性特殊的生理功能，使她们不仅要承担社会生产的责任，而且要承担孕育下一代的重任。伴随女性的一生，有几个特殊的生理期对其职业发展产生影响，即经期、孕期、哺乳期、更年期等。其中，孕期对女性的影响较大，从怀孕到生育，一般要经过将近一年的时间。在此期间，许多女性都会面临很大的身体不适，有的女性不得不暂时离开自己的工作岗位，造成她们的职业生涯发生中断，这必然会对女性的职业生涯带来很大阻碍。因此，帮助她们在怀孕和生育期调整好心态，适应生理和心理的变化，合理规划时间，可以适当放慢职业发展的节奏。

同时，要注意培养女性知识分子夫妻平等和睦的家庭意识。夫妻双方感情和睦，共同分担家庭责任，共同支持理解和成长，都有利于女性的职业发展，这就要求夫妻双方处理好与伴侣之间的矛盾。丈夫应该尊重妻子在事业上的发展，女性坚持独立的事业和人格，同时兼顾好家庭。在事业上发展较好的女性，其自身的人格往往都比较独立，有自己的主见和对事业的追求。应该鼓励杭州女性知识分子保持人格独立，拥有自己独立的经济地位，在现代社会中有自己的事业追求，不断进行自我审视和自我修炼，对自己有清晰的定位。

（三）营造有利于杭州女性知识分子职业发展的环境

营造有利于杭州女性知识分子职业发展的环境，就必须正视女性知识分子的创造力，要摒弃对女性工作能力的偏见，营造女性职业晋升的良好环境。要通过建立公平、有序的竞争机制，为女性的职业发展创造机会。在制定政策时应充分考虑女性的特点和优势，为女性知识分子提供职业发展的通道，建立科学合理的女性人才评价机制，评价体系中要以知识、能力、业绩为主要指标，促使女性人才得到公正和公平的评价，确保女性知识分子获得机会和平台以施展自己的才华。除此之外，还应该重视扶持即将或刚刚走上职业道路的杭州女性知识分子，帮助她们尽早做出科学的职业生涯规划，切实解决她们的困难，鼓励她们为杭州的发展贡献力量。

（四）营造有利于杭州女性知识分子职业发展的社会环境

一方面，杭州市应坚持贯彻男女平等的基本国策，在此基础上要加强对社会性别观念的教育，宣传男女平等的思想。在人类文明和社会进步中女性做出了卓越的贡献，现代社会更要增强女性的独立、参政、平等和民主的意识，同时要加强对男性公民的性别平等教育，批判传统歧视女性的封建思想和观念，树立正确的男女性别平等观，减少性别刻板印象和传统观念的影响。另一方面，新闻媒体对舆论的引导需要改变，要少宣传性别差异的观念，着力强调性别平等的观念，树立优秀女性的榜样，减少对女强人的偏见和歧视，强化女性的成就意识，加大对真正的男女平等意识的宣传；倡导男性参与家庭事务和孩子教育，适当减轻职业女性在家庭生活中的负担。

社会要帮助形成男女平等的观念，挣脱传统观念的局限，尽可能地开放和多元，既要尊重传统联合家庭结构的稳定性、合理性，也要尊重现代核心家庭结构的独特性。社会要引导树立合理的择偶观念，打破传统观念中男强女弱准则的局限。

（五）加大法律执行力度，保障女性知识分子的合法权益

要把开发和运用女性人力资源纳入人才战略的总体规划，做到同步培养，协调发展，营造良好的女性人才成长环境。保障女性的职业发展要从最基本的法律法规制度方面切入。首先，现有的相关法律体系要加以完善。对与女性职业发展相关的法律法规进行修订，确保与《宪法》《劳动法》《妇女权益保障法》规定的性别平等相一致，避免出现法理上的误差。其次，法律法规的可操作性要加强，对某些难以操作的条款要具体化，将模糊化的宏观方向转化为具体可操作的方法。再次，针对现有相关法律法规，要加大执行力度，严格执法，同时通过社会公众、新闻媒体、司法机关等对相关法律的执法情况进行监督，切实保障女性的合法权益不受侵害。最后，营造良好的法律制度环境。从制度建设上，要为女性的发展提供最大的制度保障，一方面，要制定鼓励和扶持女性成长的政策制度；另一方面，要逐渐废止不利于女性发展的制度规定，减少阻碍政策的不利影响。

五　结语

女性知识分子的职业发展不可避免地要受到传统文化、家庭、组织和社会等因素的影响，同时杭州在文化、经济和社会等方面的城市特征也会对杭州女性知识分子的职业发展造成特殊的影响。杭州女性知识分子的自我修养和文化层次较高，人格的独立性也相对较高，在保持自身经济独立的同时要尽可能兼顾好家庭，但家庭因素对女性知识分子的影响较大，如夫妻关系、生育期、照顾孩子等。社会传统观念的影响根深蒂固，要想破除这样的影响需要长期的性别观念的教育，但女性自身的自我意识和对独立人格的追求就显得非常重要。杭州市委、市政府以及杭州市妇女联合会可以在自己的职责范围内尽量

引导和营造有利于杭州女性知识分子职业发展的社会、政策和法律环境等。从内因和外因维度出发，杭州女性知识分子的职业发展氛围和前景定能得到大大改善和提升。

参考文献

［1］ 人力资源和社会保障部国家职业资格管理网站，http：// ms. nvq. net. cn/。

［2］ 宁本荣：《新时期女性职业发展的困境及原因分析》，《西北人口》2005 年第 4 期。

［3］ 田梅英：《女性发展障碍成因分析》，《中华女子学院山东分院学报》2005 年第 1 期。

［4］ 付新新：《当代中国女性发展的自我制约及其超越》，《中华女子学院学报》2001 年第 5 期。

［5］ 黄秋梅：《女性职业生涯发展的制约因素与建议》，《社科论坛》2009 年第 10 期。

［6］ 王富祥：《女性公务员"玻璃天花板"障碍及其对策》，《全国商情》2009 年第 23 期。

［7］ 佟新、濮亚新：《研究城市妇女职业发展的理论框架》，《妇女研究论丛》2001 年第 3 期。

［8］ 程芳、周二华：《企业女性员工职业发展的组织因素研究》，《企业管理》2007 年第 8 期。

［9］ 李全喜：《女性科技工作者职业发展影响因素的三维解析》，《人力资源管理》2009 年第 12 期。

［10］ 孟慧：《研究性访谈及其应用》，《心理科学》2004 年第 5 期。

［11］ 张晓燕：《基于性别差异的职业发展影响因素研究》，《中国矿业大学学报》2009 年第 1 期。

［12］ Edwin L. Herr，"Career Development and Its Practice：A Historical Perspective"，*The Career Development Quarterly*，2001（3）.

B.8
杭州市女性科技工作者
发展状况及对策研究

廖中举*

摘　要：　本文以杭州市的 317 位女性科技工作者为研究对象，从
　　　　　"管理体制、培训与交流环境、创新支持环境、考核评
　　　　　价环境、流动与配置环境、薪酬激励环境"等方面出
　　　　　发，研究了杭州市女性科技工作者的认知与满意度、在
　　　　　发展过程中面临的阻力，以及对政策、法规及制度环境
　　　　　的需求。在此基础上，从市场经济发展和政府战略需求
　　　　　变化的角度出发，提出了完善和促进杭州市女性科技工
　　　　　作者发展的政策及政策工具组合的对策与建议。

关键词：　女性科技工作者　发展环境　管理体制

一　研究背景

在全球竞争日趋激烈的知识经济时代，创新对建设创新型国家、
推动经济又快又好发展具有举足轻重的作用。《国家中长期科学和技
术发展规划纲要（2006～2020 年)》明确提出，到 2020 年，实现
"自主创新能力显著增强""基础科学和前沿技术研究综合实力显著

---

* 廖中举，浙江理工大学讲师，博士，研究方向：战略管理与技术创新。

增强""进入创新型国家行列"等。毋庸置疑，实现这些目标离不开科技工作者的作用。科技工作者作为知识和科技的载体，构成了将科学技术转化为实际生产力和竞争优势的中介桥梁，科技工作者也随之成为提升国家核心竞争力的战略资源和实现国家跨越式发展的关键因素。因此，提升创新能力、建设创新型国家，必须充分调动广大科技工作者的工作积极性，激发科技工作者创新的热情。

当前，杭州市科技人才对生产力的贡献率较低，杭州市资源较匮乏，面临土地、电力、淡水等生产要素短缺与经济总量持续扩张的矛盾。要推动杭州市经济转型和发展，跳出资源依赖的发展模式，在很大程度上需要依靠作为科技创新主体的科技工作者队伍。从杭州市女性参与科技事业发展的人数已经达到科研人员总数的1/3这一事实来看，女性科技工作者也是杭州市科技发展中极具潜力的力量。但是，由于女性科技工作者大多是在"缺乏性别视角"的状态下形成的，科技工作者结构中存在女性"人数比重偏小、工作岗级偏低、技术职称偏低"的情况。目前，杭州市女性科技工作者虽然占科技人员总数的1/3，但获得高级职称的人数不足1/8，进入科技高级管理和决策层的女性更是凤毛麟角。因此，研究杭州市女性科技工作者的发展状况具有重要的意义。

二 以往关于影响女性科技工作者发展的主要研究

（一）科技工作者的内涵

目前，理论界与实务界对科技工作者内涵的界定还没有达成共识，更多地将其与科技人才等同对待。学者们从各个研究视角出发，对科技人才提出了一系列既有区别又有一定联系的概念。例如，在我国 2004 年《国家中长期科学和技术发展规划战略研究报告》的《科技人才队伍建设研究专题报告》中，将科技人才界定为：从事或有潜力从事科技活动，有知识、有能力，能够进行创造性劳动，并在科技活动中做出贡献的人员。封铁英（2008）提出，科技人才应当是具有高尚学术道德、科学文化知识、职业技术能力，并在某一领域做出业绩、有所贡献的从事科学技术活动的个体或群体。从广义上讲，实际从事或有潜力从事系统性科学与技术知识的产生、促进、传播和应用活动并做出贡献的人都应包含在科技人才概念里面。基于上述学者的研究，本文将科技工作者界定为：实际从事科学与技术知识的产生、促进、传播和应用活动的人员。

（二）女性科技工作者的发展状况研究

以往关于女性科技工作者发展状况的研究，主要围绕培养与开发、薪酬激励、流动与配置等方面展开。首先是培养与开发方面。吕科伟、韩晋芳（2015）通过比较美国、欧盟、中国女性在科学与工程教育和科学与工程领域的就业、职业发展现状以及相关政策举措，分析了中国在女性科技人力资源开发利用方面与发达国家的异同，发现中国女性科技人力资源在总量上和美国、欧盟国家一致，呈稳步增长态势，但在培养层次、职业发展及相关政策方面还存在不足。肖政（2004）从学问知识、才能与见识三个方面总结了女性科学家素质特点，并从社会因素和群体因素角度分析了其形成的原因，在此基础上，提出了一系列加强女性科技人才培养的措施。其次是薪酬激励方面。史容等（2011）以高新区科技人才为研究对象，以工作自身、人际关系、外部激励满意度及总体满意度为多维研究变量，从纵横立体层面对性别差异带来的工作满意度影响进行了比较研究，揭示了不同性别的科技人才满意度影响因素存在显著差异。廖中举等（2013）以浙江省 11 个地区的 2019 名科技人才为样本研究发现，不同人口背景特征、制度性因素对科技人才收入满意度会产生不同的影响。最后是流动配置方面。潘朝晖、刘和福（2012）通过对安徽省科技人才的调查研究，发现男女科技人才在生活、教育和工作方面存在显著差异。同时，研究还发现，男女科技人才在对人才政策的了解程度以及工作流动意向上也存在差异。除此之外，马缨（2011）在研究中发现，我国科技领域长期存在女性的成就和地位远远落后于男性的现象，这一职业发展的"瓶颈"制约着女性科技人员的发展。

（三）影响女性科技工作者发展的因素研究

研究发现，影响女性科技工作者发展的因素有三类。首先是社会文化因素。黄约（2011）指出，受历史、文化、社会等诸多因素的限制，广西后发地区的女性科技人才资源无法有效开发。王建宇（2011）研究表明，我国女性科技人才取得的成就与其所占的比例明显不相适应，而且职位越高，女性越少，呈现中年流失、高端缺位现象，这与我国社会传统性别文化和社会性别分工导致的性别刻板印象分不开。其次是科技政策因素。刘筱红、陈奕（2012）在问卷调查、深度访谈、政策整理以及对大量统计数据进行搜集、梳理和筛选的基础上，从社会性别视角出发，对湖北省科技人才的性别差异现状进行了研究，发现科技人才政策存在性别盲点，是制约女性科技人才发展的主要因素。最后是其他因素。李卫华、袁璐（2013）通过随机抽样，对芜湖市263位女性科技工作者进行调查，结果显示，传统性别观念的影响、不平等的退休政策、就业歧视、自身职业期望偏低、婚姻家庭的困扰、身心健康状况等因素对女性科技工作者的发展具有制约作用。

（四）促进女性科技工作者发展的对策研究

为促进女性科技工作者的发展，国内外学者基于宏观和微观两个层面提出了相应的对策与建议。首先是宏观层面。杨慧（2013）针对女性高层人才在职业生涯不同阶段面临的挑战，为促进女性高层人才成长与发展，提出以下四个建议：设立反就业性别歧视专门机构；提供必要的社会支持；社会资源适当对女性倾斜；实行男女平等的退休政策。李媛（2013）通过分析女性科技工作者的成长阶段、成长体验及面临的困难，提出以下建议：发挥政策导向作用，协调女性科技工作者的成长过程；营造公平的科研环境，减轻女性的科研压力；加大宣传力度，构建交流平台。施远涛（2015）从将社会性别意识纳入科技决策主流、完善政府公共科技投入机制、创新科技管理机制和优化性别平等科技文化四个方面提出了相关建议。其次是微观层面。微观层面的研究相对偏少，只有少数学者进行了研究。例如，张丽琍（2010）指出，女性应树立工作－家庭平衡的新观念，制定家庭友好政策与措施，同时还要获得管理层的支持。最后是宏观层面和微观层面相结合。李祖超等（2010）认为，建设创新型国家，促进我国科技事业的健康科学发展，政府部门应高度重视女性并完善相关政策，为女性科技人才的成长创造更好的条件，减少对女性人才的浪费，改革退休制度，消除歧视，充分尊重女性的选择，加大优秀女性榜样宣传教育的力度，同时女性自身也要奋发努力、追求卓越。

三 研究方法

（一）问卷的设计

调查问卷涉及女性科技工作者的"管理体制、培训与交流环境、创新支持环境、考核评价环境、流动与配置环境、薪酬激励环境"等多个方面。在单选题方面，答卷人可以根据自己的体验选择更贴近实际情况的相应选项作答，以提高答案的确定性；多选题主要集中在女性科技工作者的内容需求方面，可以同时选择多个选项，也可以自已补充未列内容，充分表达自己的需求；主观文字题主要集中在"意见和建议"板块，需要以文字论述形式提出具体的意见和建议，以增强答案的可操作性。

（二）问卷的发放与回收

本文通过网络调查和实地调查的形式发放问卷，本次调查从2014年11月初开始至2015年6月初结束，历时7个月时间。

本次调查针对杭州市的女性科技工作者共发放问卷500份，回收403份，其中有效问卷317份，回收率为80.60%，有效率为78.66%，达到研究样本的标准。在回收到的317份有效样本中，年龄为30岁及以下、31～39岁、40岁及以上的分别占48.26%、36.91%和14.83%；学历为本科及以下、硕士、博士的分别占28.08%、45.43%和26.50%；工作年限为5年及以下、6～9年、10年及以上的分别占23.97%、34.07%和41.96%；职称为中级及以下、副高级、正高级的分别占40.06%、43.85%和16.09%；职务为基层及无、中层、高层的分别占53.31%、33.12%和13.56%；单位为高校、科研院所和企业的分别占70.03%、18.30%和11.67%（见表1）。

表1　调查对象的基本情况

变量	比例(%)	变量	比例(%)	变量	比例(%)
年龄		**工作年限**		**职务**	
30岁及以下	48.26	5年及以下	23.97	基层及无	53.31
31～39岁	36.91	6～9年	34.07	中层	33.12
40岁及以上	14.83	10年及以上	41.96	高层	13.56
学历		**职称**		**单位**	
本科及以下	28.08	中级及以下	40.06	高校	70.03
硕士	45.43	副高级	43.85	科研院所	18.30
博士	26.50	正高级	16.09	企业	11.67
样本数:$n=317$					

四 研究工具的编制与评价

（一）测量条款形成

根据科技工作者发展环境的内涵，本文认为科技工作者发展环境由管理体制、培训与交流、创新支持、考核评价、流动与配置和薪酬激励环境六个方面构成。该六个方面分别由3项初始测量条款构成，共计18项（见表2）。

表2 女性科技工作者发展环境的初始测量条款

变量	符号	具体测量条款
管理体制	GL－1	杭州市女性科技工作者宏观管理体制
	GL－2	杭州市协同推进科技工作者发展的工作机制
	GL－3	杭州市对女性科技工作者的管理方式
培训与交流	PX－1	女性科技工作者的教育培养模式
	PX－2	工作中能够得到的培训和学习机会
	PX－3	女性科技工作者继续教育制度
创新支持	KY－1	在工作中能得到创新所需的资金支持
	KY－2	在工作中能得到创新所需的人力支持
	KY－3	在工作中能得到创新所需的信息支持
考核评价	KH－1	女性科技工作者的考核方式
	KH－2	女性科技工作者的考核周期
	KH－3	女性科技工作者的职称或职务评定制度
流动与配置	LD－1	女性科技工作者在高校、科研院所和企业的分布
	LD－2	政府部门为女性科技工作者流动提供的服务
	LD－3	女性科技工作者自由流动的制度
薪酬激励	XC－1	女性科技工作者的收入水平
	XC－2	杭州市为女性科技工作者提供的薪酬激励政策
	XC－3	杭州市为女性科技工作者提供的福利政策

（二）杭州市女性科技工作者发展环境测量条款描述性分析

各个变量具体测量条款的基本统计描述见表3。从表3可以看出，18项测量条款的均值为2.73~3.49，标准差为0.83~1.31，偏度为-0.30~0.52之间，峰度为-1.19~0.07。从上述各个指标中可以看出，样本满足正态分布。

表3　各测量条款的统计描述

变量	测量条款	均值	标准差	偏度		峰度	
		统计	统计	统计	标准差	统计	标准差
管理体制	GL-1	3.40	0.84	-0.17	0.14	0.07	0.27
	GL-2	3.49	0.84	0.10	0.14	-0.41	0.27
	GL-3	3.47	0.84	-0.17	0.14	-0.12	0.27
培训与交流	PX-1	2.73	0.84	0.28	0.14	0.02	0.27
	PX-2	2.86	0.83	0.33	0.14	0.06	0.27
	PX-3	3.06	0.89	-0.09	0.14	-0.07	0.27
创新支持	KY-1	3.15	1.28	-0.19	0.14	-1.16	0.27
	KY-2	3.26	1.28	-0.29	0.14	-1.11	0.27
	KY-3	3.32	1.29	-0.28	0.14	-1.06	0.27
考核评价	KH-1	3.11	1.31	-0.05	0.14	-1.19	0.27
	KH-2	3.11	1.30	0	0.14	-1.14	0.27
	KH-3	3.20	1.28	0.01	0.14	-1.19	0.27
流动与配置	LD-1	3.29	1.02	-0.30	0.14	-0.21	0.27
	LD-2	3.09	1.05	-0.11	0.14	-0.43	0.27
	LD-3	2.79	1.15	0.52	0.14	-0.52	0.27
薪酬激励	XC-1	2.99	0.91	-0.08	0.14	-0.21	0.27
	XC-2	2.91	0.94	0.05	0.14	-0.22	0.27
	XC-3	3.01	0.99	0.12	0.14	-0.61	0.27

（三）探索性因子分析

对杭州市女性科技工作者发展环境的各个测量变量进行因子分析，结果见表4和表5。

表4　杭州市女性科技工作者发展环境的 KMO 和 Bartlett's 检验

	KMO 样本测度		0.775
	近似服从 Chi 平方分布		4372.177
Bartlett's 球体检验	df		153
	Sig.		0.000

表5　总体方差分解情况

因子	初始特征值			旋转平方和负荷值		
	总计	方差贡献率	累计贡献率	总计	方差贡献率	累计贡献率
1	4.042	22.453	22.453	2.821	15.672	15.672
2	3.717	20.648	43.102	2.782	15.454	31.126
3	2.304	12.800	55.901	2.554	14.191	45.317
4	1.907	10.593	66.494	2.489	13.826	59.142
5	1.658	9.209	75.703	2.347	13.036	72.179
6	1.465	8.140	83.843	2.100	11.664	83.843

在因子旋转后，女性科技工作者发展环境中各个条款的因子载荷值见表6。从表6可以看出，女性科技工作者发展环境中各个测量条款的因子载荷值均高于0.50，也不存在交叉载荷的情况，因此，测量量表具有一定的区分效度。

（四）CITC 分析和内部一致性信度检验

各变量的 CITC 值和内部一致性信度分析见表7。

表6　女性科技工作者发展环境测量指标旋转之后的因子载荷值

变量	条款	因子					
		1	2	3	4	5	6
管理体制	GL - 1	0.037	0.007	- 0.056	- 0.089	0.863	- 0.106
	GL - 2	0.074	0.021	- 0.015	- 0.098	0.877	- 0.036
	GL - 3	0.009	0.049	- 0.060	- 0.153	0.867	- 0.044
培训与交流	PX - 1	- 0.095	- 0.001	- 0.008	0.027	- 0.071	0.848
	PX - 2	- 0.029	- 0.152	- 0.050	0.041	- 0.083	0.829
	PX - 3	- 0.032	- 0.077	0.045	0.059	- 0.024	0.794
创新支持	KY - 1	0.028	0.932	0.158	- 0.109	0.033	- 0.061
	KY - 2	0.026	0.948	0.146	- 0.058	0.030	- 0.113
	KY - 3	0.019	0.932	0.203	- 0.044	0.024	- 0.094
考核评价	KH - 1	0.960	0.003	- 0.110	- 0.094	0.040	- 0.068
	KH - 2	0.953	0.007	- 0.092	- 0.102	0.039	- 0.072
	KH - 3	0.955	0.060	- 0.107	- 0.095	0.053	- 0.039
流动与配置	LD - 1	- 0.090	- 0.040	0.050	0.895	- 0.120	0.008
	LD - 2	- 0.066	- 0.043	0.030	0.934	- 0.068	0.056
	LD - 3	- 0.129	- 0.120	0.065	0.846	- 0.176	0.084
薪酬激励	XC - 1	- 0.103	0.133	0.898	0.053	- 0.019	- 0.031
	XC - 2	- 0.094	0.247	0.893	0.042	- 0.089	0.025
	XC - 3	- 0.108	0.122	0.901	0.053	- 0.039	- 0.001

表7　CITC分析和内部一致性信度检验

变量	测量条款	CITC	删除该条款后的 α 系数	总体 α 系数
管理体制	GL - 1	0.7182	0.8084	
	GL - 2	0.7345	0.7930	0.8560
	GL - 3	0.7331	0.7943	
培训与交流	PX - 1	0.6378	0.6717	
	PX - 2	0.6362	0.6744	0.7769
	PX - 3	0.5682	0.7509	

变量	测量条款	CITC	删除该条款后的 α 系数	总体 α 系数
创新支持	KY – 1	0.8976	0.9471	0.9577
	KY – 2	0.9247	0.9270	
	KY – 3	0.9081	0.9394	
考核评价	KH – 1	0.9404	0.9463	0.9681
	KH – 2	0.9236	0.9586	
	KH – 3	0.9302	0.9539	
流动与配置	LD – 1	0.7837	0.8586	0.8945
	LD – 2	0.8456	0.8040	
	LD – 3	0.7561	0.8865	
薪酬激励	XC – 1	0.8057	0.8840	0.9104
	XC – 2	0.8479	0.8483	
	XC – 3	0.8112	0.8812	

从表7可以看出，各条款的 CITC 值均大于 0.50，女性科技工作者发展环境各个变量的总体 α 系数均大于 0.70，完全满足研究要求。

（五）验证性因子分析

为了进一步确认女性科技工作者发展环境各变量的维度结构以及变量的信度和效度，本文对样本进行验证性因子分析。选取 χ^2/df、GFI、AGFI、NFI、CFI、IFI 和 RMSEA 对模型的拟合程度进行评价与分析，验证性因子分析结果见表8。

从表8可以看出，验证性因子分析的拟合指标达到了研究的要求。其中，$\chi^2/df = 1.265$，小于2；GFI = 0.951，AGFI = 0.930，NFI = 0.966，CFI = 0.993，IFI = 0.993，均大于 0.9；RMSEA = 0.029，小于 0.05。各条款在公因子上的标准化载荷最低的为 0.655，除了测量条款 PX – 3 的 R^2 低于 0.50 外，其余测量条款的 R^2 均高于 0.50，表示适配指标理想。

表8 各变量的验证性因子分析

变量	条款	标准化因素负荷量(R)	临界比	R^2	P
管理体制	GL-1	0.800	14.507	0.640	***
	GL-2	0.820	14.734	0.672	***
	GL-3	0.826	—	0.682	—
培训与交流	PX-1	0.763	9.915	0.582	***
	PX-2	0.788	9.907	0.621	***
	PX-3	0.655	—	0.429	—
创新支持	KY-1	0.923	30.597	0.852	***
	KY-2	0.959	34.784	0.920	***
	KY-3	0.938	—	0.880	—
考核评价	KH-1	0.967	40.376	0.935	***
	KH-2	0.943	36.114	0.889	***
	KH-3	0.952	—	0.906	—
流动与配置	LD-1	0.853	17.541	0.728	***
	LD-2	0.927	18.626	0.859	***
	LD-3	0.813	—	0.661	—
薪酬激励	XC-1	0.850	19.166	0.723	***
	XC-2	0.930	21.262	0.865	***
	XC-3	0.856	—	0.733	—
拟合度	$\chi^2/\mathrm{df}=1.265$, GFI = 0.951, AGFI = 0.930, NFI = 0.966, CFI = 0.993, IFI = 0.993, RMSEA = 0.029				

注：*** $p < 0.01$。

五　杭州市女性科技工作者发展现状的评价

（一）杭州市女性科技工作者发展环境满意度水平

在对量表的信度和效度进行检验后，发现女性科技工作者发展环境测量量表满足研究的要求，因此，本文接下来对杭州市女性科技工作者发展环境评价值进行计算（见表9）。

表9　杭州市女性科技工作者发展环境评价值

变量	最小值	最大值	均值	标准差
管理体制	1.33	5.00	3.45	0.74
培训与交流	1.00	5.00	2.89	0.71
创新支持	1.00	5.00	3.24	1.23
考核评价	1.00	5.00	3.14	1.26
流动与配置	1.00	5.00	3.06	0.97
薪酬激励	1.00	5.00	2.97	0.87

从表9可以看出，在六项环境中，杭州市女性科技工作者对管理体制的满意度最高，得分值为3.45；其次是创新支持环境，得分值为3.24；排在第三位和第四位的是考核评价环境和流动与配置环境，得分值分别为3.14和3.06；排在最后两位的薪酬激励环境和培训与交流环境，得分值分别为2.97和2.89，得分值低于3，处于不满意和一般之间。

（二）变量的选取、测量与相关性分析

为了客观了解杭州市女性科技工作者对各项发展环境的满意度所存在的差异，本文基于科技工作者背景特征的视角，研究对满意度的影响。

1. 变量的选取与测量

本文主要选取年龄、学历、工作年限、职称、职务和单位为人口背景特征，见表10。

表 10 变量的界定与说明

自变量	说明
年龄	30 岁及以下 = 1,31 ~ 39 岁 = 2,40 岁及以上 = 3
学历	本科及以下 = 1,硕士 = 2,博士 = 3
工作年限	5 年及以下 = 1,6 ~ 9 年 = 2,10 年及以上 = 3
职称	中级及以下 = 1,副高级 = 2,正高级 = 3
职务	基层及无 = 1,中层 = 2,高层 = 3
单位	选取企业的女性科技工作者为参照组:当单位为高校时,取值为 1,其他为 0;当单位为科研院所时,取值为 1,其他为 0

2. 变量的相关性分析

各变量的 Pearson 相关系数见表 11。

表 11 变量的相关系数

变量	1	2	3	4	5	6	7
1. 年龄	1						
2. 学历	− 0. 081	1					
3. 工作年限	0. 653 **	0. 118 *	1				
4. 职称	0. 127 *	− 0. 007	0. 071	1			
5. 职务	− 0. 056	− 0. 072	− 0. 164 **	− 0. 244 **	1		
6. 高校	− 0. 055	− 0. 107	0. 009	0. 060	− 0. 084	1	
7. 科研院所	− 0. 007	0. 165 **	− 0. 004	− 0. 001	0. 023	− 0. 723 **	1
8. 管理体制	0. 026	0. 059	0. 058	− 0. 098	0. 015	0. 094	− 0. 080
9. 培训与交流	− 0. 022	0. 001	− 0. 053	0. 021	0. 389 **	0. 001	− 0. 016
10. 创新支持	− 0. 013	0. 753 **	0. 235 **	0. 053	− 0. 139 *	− 0. 034	0. 106
11. 考核评价	− 0. 053	0. 067	0. 044	− 0. 724 **	0. 155 **	0. 059	− 0. 077
12. 流动与配置	0. 067	− 0. 132 *	0. 004	0. 104	− 0. 027	− 0. 145 **	0. 047
13. 薪酬激励	0. 077	0. 228 **	0. 092	0. 167 **	0. 113 *	− 0. 257 **	0. 138 *

续表

变量	8	9	10	11	12	13
1. 年龄						
2. 学历						
3. 工作年限						
4. 职称						
5. 职务						
6. 高校						
7. 科研院所						
8. 管理体制	1					
9. 培训与交流	− 0.152 **	1				
10. 创新支持	0.066	− 0.190 **	1			
11. 考核评价	0.113 *	− 0.132 *	0.044	1		
12. 流动与配置	− 0.272 **	0.127 *	− 0.149 **	− 0.219 **	1	
13. 薪酬激励	− 0.107	− 0.010	0.340 **	− 0.215 **	0.109	1

注：$*p < 0.1$，$** < 0.05$。

（三）人口背景特征对女性科技工作者发展环境满意度的影响

1. 人口背景特征对管理体制满意度的影响

人口背景特征因素对管理体制满意度影响的回归分析见表 12。从表 12 可以看出，年龄、学历、工作年限、职务和单位因素对管理体制满意度的影响并不显著，标准化回归系数分别为 0.021（$p > 0.10$）、0.070（$p > 0.10$）、0.045（$p > 0.10$）、0.010（$p > 0.10$）、0.090（$p > 0.10$）和 − 0.027（$p > 0.10$）。然而，职称对管理体制的满意度具有显著的负向影响作用，标准化回归系数为 − 0.106（$p < 0.10$）。相比较而言，高职称的女性科技工作者对管理体制的满意度更低。

表 12　人口背景特征对管理体制环境满意度的影响

变量		B 值	t 值	显著性	R^2	调整后的 R^2	F 值
年龄		0.021	0.276	0.783			
学历		0.070	1.191	0.235			
职称		-0.106	-1.809	0.071			
工作年限		0.045	0.576	0.565	0.028	0.006	1.289
职务		0.010	0.177	0.860			
单位	高校	0.090	1.086	0.278			
	科研院所	-0.027	-0.331	0.741			

2. 人口背景特征对培训与交流环境满意度的影响

人口背景特征因素对培训与交流环境满意度影响的回归分析见表13。从表13可以看出，年龄、学历、工作年限和单位因素对培训与交流环境满意度的影响并不显著，标准化回归系数分别为 -0.021（$p>0.10$）、0.033（$p>0.10$）、0.017（$p>0.10$）、0.019（$p>0.10$）和 -0.017（$p>0.10$）。然而，职称和职务对培训与交流环境满意度具有显著的正向影响作用，标准化回归系数分别为 0.125（$p<0.05$）和 0.425（$p<0.01$）。相比较而言，高职称和高职务的女性科技工作者对培训与交流环境的满意度更高。

表 13　人口背景特征对培训与交流环境满意度的影响

变量		B 值	t 值	显著性	R^2	调整后的 R^2	F 值
年龄		-0.021	-0.294	0.769			
学历		0.033	0.609	0.543			
职称		0.125	2.304	0.022			
工作年限		0.017	0.235	0.814	0.168	0.149	8.885***
职务		0.425	7.784	0.000			
单位	高校	0.019	0.255	0.799			
	科研院所	-0.017	-0.222	0.825			

注：*** $p<0.01$。

198

3. 人口背景特征对创新支持环境满意度的影响

人口背景特征因素对创新支持环境满意度影响的回归分析见表14。从表14可以看出，职称、职务和单位因素对创新支持环境满意度的影响并不显著，标准化回归系数分别为0.041（$p > 0.10$）、-0.047（$p > 0.10$）、0.046（$p > 0.10$）和0.022（$p > 0.10$）。然而，年龄对创新支持环境满意度具有显著的负向影响作用，标准化回归系数为-0.088（$p < 0.01$），即年龄越大的科技工作者对创新支持环境的满意度越低。学历和工作年限对创新支持环境满意度具有显著的正向影响作用，标准化回归系数分别为0.721（$p < 0.01$）和0.196（$p < 0.01$）。相比较而言，高学历和工作年限久的女性科技工作者对创新支持环境的满意度更高。

表14　人口背景特征对创新支持环境满意度的影响

变量		B 值	t 值	显著性	R^2	调整后的 R^2	F 值
年龄		-0.088	-1.781	0.076			
学历		0.721	19.156	0.000			
职称		0.041	1.100	0.272			
工作年限		0.196	3.957	0.000	0.600	0.591	66.215***
职务		-0.047	-1.246	0.214			
单位	高校	0.046	0.878	0.381			
	科研院所	0.022	0.419	0.675			

注：*** $p < 0.01$。

4. 人口背景特征对考核评价环境满意度的影响

人口背景特征因素对考核评价环境满意度影响的回归分析见表15。从表15可以看出，年龄、学历、职务和科研院所对考核评价环境满意度的影响并不显著，标准化回归系数分别为-0.013（$p >$

0.10)、0.063（$p > 0.10$）、0.005（$p > 0.10$）和 -0.020（$p >$ 0.10）。然而，职称对考核评价环境满意度具有显著的负向影响作用，标准化回归系数为 -0.733（$p < 0.01$）。相比较而言，高职称的女性科技工作者对考核评价环境的满意度更低。工作年限和高校对考核评价环境满意度具有显著的正向影响作用，标准化回归系数分别为0.097（$p < 0.01$）和0.095（$p < 0.01$）。相比较而言，工作年限久的女性科技工作者对考核评价环境的满意度更高，与企业的女性科技工作者相比，高校的女性科技工作者对考核评价环境的满意度更高。

表15　人口背景特征对考核评价环境满意度的影响

变量		B 值	t 值	显著性	R^2	调整后的 R^2	F 值
年龄		-0.013	-0.252	0.801			
学历		0.063	1.571	0.117			
职称		-0.733	-18.352	0.000			
工作年限		0.097	1.842	0.066	0.547	0.537	53.388***
职务		0.005	0.121	0.904			
单位	高校	0.095	1.686	0.093			
	科研院所	-0.020	-0.349	0.728			

注：*** $p < 0.01$。

5. 人口背景特征对流动与配置环境满意度的影响

人口背景特征因素对流动与配置环境满意度影响的回归分析见表16。从表16可以看出，年龄、工作年限、职务和科研院所对流动与配置环境满意度的影响并不显著，标准化回归系数分别为0.034（$p > 0.10$）、-0.012（$p > 0.10$）、-0.029（$p > 0.10$）和 -0.104（$p > 0.10$）。然而，学历和高校对流动与配置环境满意度具有显著的负向影响作用，标准化回归系数分别为 -0.138（$p < 0.05$）和 -0.242（$p < 0.01$）。相比较而言，高学历的女性科技工作者对流动与配置环

境的满意度更低，与企业的女性科技工作者相比，高校的女性科技工作者对流动与配置环境的满意度要低。职称对流动与配置环境满意度具有显著的正向影响作用，标准化回归系数为 0.107（$p < 0.01$），即高职称的女性科技工作者对流动与配置环境的满意度更高。

表 16　人口背景特征对流动与配置环境满意度的影响

变量		B 值	t 值	显著性	R^2	调整后的 R^2	F 值
年龄		0.034	0.453	0.651			
学历		−0.138	−2.389	0.017			
职称		0.107	1.855	0.065			
工作年限		−0.012	−0.164	0.870	0.062	0.041	2.939 ***
职务		−0.029	−0.507	0.612			
单位	高校	−0.242	−2.988	0.003			
	科研院所	−0.104	−1.287	0.199			

注：*** $p < 0.01$。

6. 人口背景特征对薪酬激励环境满意度的影响

人口背景特征因素对薪酬激励环境满意度影响的回归分析见表17。从表17可以看出，年龄和工作年限对薪酬激励环境满意度的影响并不显著，标准化回归系数分别为 0.006（$p > 0.10$）和 0.076（$p > 0.10$）。然而，学历、职称和职务对薪酬激励环境满意度具有显著的正向影响作用，标准化回归系数分别为 0.222（$p < 0.01$）、0.225（$p < 0.01$）和 0.171（$p < 0.01$）。相比较而言，高学历、高职称和高职务的女性科技工作者对薪酬激励环境的满意度更高。高校和科研院所对薪酬激励环境满意度具有显著的负向影响作用，标准化回归系数分别为 −0.339（$p < 0.01$）和 −0.147（$p < 0.1$），即与企业的女性科技工作者相比，高校和科研院所的女性科技工作者对薪酬激励环境的满意度要低。

表 17　人口背景特征对薪酬激励环境满意度的影响

变量		B 值	t 值	显著性	R^2	调整后的 R^2	F 值
年龄		0.006	0.089	0.929			
学历		0.222	4.116	0.000			
职称		0.225	4.185	0.000			
工作年限		0.076	1.069	0.286	0.182	0.163	9.805 ***
职务		0.171	3.165	0.002			
单位	高校	-0.339	-4.483	0.000			
	科研院所	-0.147	-1.951	0.052			

注：*** $p < 0.01$。

六　杭州市女性科技工作者发展中的问题

（一）生活与发展问题

调查数据表明，对女性科技工作者而言，目前生活与发展中急需解决的主要问题排在前三位的分别是"工资待遇偏低""职称晋升困难""继续深造的机会少"，占比分别为 38.80%、23.03% 和 14.20%（见图 1）。

其中，在选择"工资待遇偏低"的 123 位女性科技工作者中，年龄为 30 岁及以下、31~39 岁、40 岁及以上的分别为 59 人、46 人和 18 人；学历为本科及以下、硕士、博士的分别为 37 人、55 人和 31 人；工作年限为 5 年及以下、6~9 年、10 年及以上的分别为 31 人、39 人和 53 人；职称为中级及以下、副高级、正高级的分别为 52 人、51 人和 20 人；职务为基层及无、中层、高层的分别为 72 人、37 人和 14 人；单位为高校、科研院所、企业的分别为 87 人、16 人和 20 人。

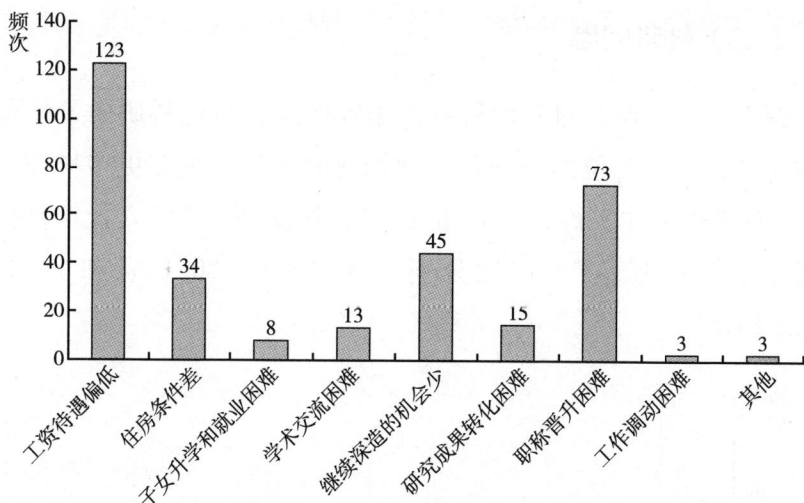

图 1　目前生活与发展中急需解决的主要问题

在选择"职称晋升困难"的 73 位女性科技工作者中，年龄为 30 岁及以下、31～39 岁、40 岁及以上的分别为 37 人、26 人和 10 人；学历为本科及以下、硕士、博士的分别为 27 人、32 人和 14 人；工作年限为 5 年及以下、6～9 年、10 年及以上的分别为 15 人、34 人和 24 人；职称为中级及以下、副高级、正高级的分别为 32 人、30 人和 11 人；职务为基层及无、中层、高层的分别为 37 人、22 人和 14 人；单位为高校、科研院所、企业的分别为 52 人、15 人和 6 人。

在选择"继续深造的机会少"的 45 位女性科技工作者中，年龄为 30 岁及以下、31～39 岁、40 岁及以上的分别为 21 人、14 人和 10 人；学历为本科及以下、硕士、博士的分别为 9 人、23 人和 13 人；工作年限为 5 年及以下、6～9 年、10 年及以上的分别为 9 人、12 人和 24 人；职称为中级及以下、副高级、正高级的分别为 15 人、19 人和 11 人；职务为基层及无、中层、高层的分别为 21 人、20 人和 4 人；单位为高校、科研院所、企业的分别为 31 人、10 人和 4 人。

（二）科研问题

调查数据表明，对女性科技工作者而言，目前科研中最需要解决的问题排在前三位的分别是"增加科研项目，覆盖更多科技工作者""对优秀人才实行3~5年的稳定经费支持""建立青年科技工作者专项资助基金"，占比分别为41.96%、20.19%和14.20%（见图2）。

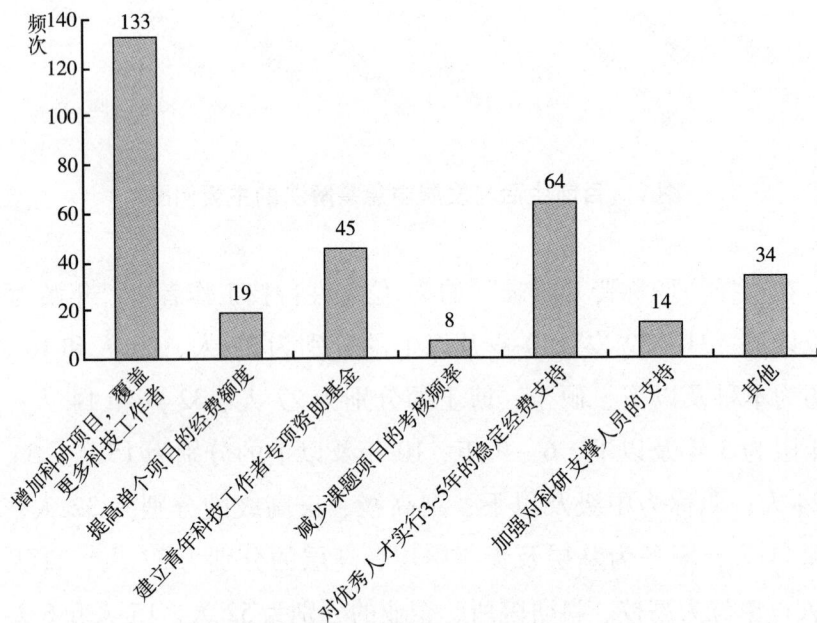

图2 目前科研中最需要解决的问题

其中，在选择"增加科研项目，覆盖更多科技工作者"的133位女性科技工作者中，年龄为30岁及以下、31~39岁、40岁及以上的分别为60人、50人和23人；学历为本科及以下、硕士、博士的分别为38人、60人和35人；工作年限为5年及以下、6~9年、10年及以上的分别为31人、42人和60人；职称为中级及以下、副高级、正高级的分别为 57 人、54 人和 22 人；职务为基层及无、中层、高层的分别为 70 人、44 人和 19 人；单位为高校、科研院所、企业的分别为 88 人、26 人和 19 人。

在选择"对优秀人才实行 3～5 年的稳定经费支持"的 64 位女性科技工作者中，年龄为 30 岁及以下、31～39 岁、40 岁及以上的分别为 34 人、24 人和 6 人；学历为本科及以下、硕士、博士的分别为 14 人、32 人和 18 人；工作年限为 5 年及以下、6～9 年、10 年及以上的分别为 10 人、26 人和 28 人；职称为中级及以下、副高级、正高级的分别为 24 人、30 人和 10 人；职务为基层及无、中层、高层的分别为 33 人、21 人和 10 人；单位为高校、科研院所、企业的分别为 46 人、3 人和 15 人。

在选择"建立青年科技工作者专项资助基金"的 45 位女性科技工作者中，年龄为 30 岁及以下、31～39 岁、40 岁及以上的分别为 20 人、17 人和 8 人；学历为本科及以下、硕士、博士的分别为 14 人、16 人和 15 人；工作年限为 5 年及以下、6～9 年、10 年及以上的分别为 12 人、14 人和 19 人；职称为中级及以下、副高级、正高级的分别为 17 人、20 人和 8 人；职务为基层及无、中层、高层的分别为 27 人、14 人和 4 人；单位为高校、科研院所、企业的分别为 33 人、4 人和 8 人。

（三）创新创业中的困难

调查数据表明，对女性科技工作者而言，在创新创业活动中，碰到的主要困难排在前三位的分别是"很难争取到项目""经费不足""缺少科研和学术氛围"，占比分别为 55.21%、13.25% 和 6.62%（见图 3）。

其中，在选择"很难争取到项目"的 175 位女性科技工作者中，年龄为 30 岁及以下、31～39 岁、40 岁及以上的分别为 85 人、62 人和 28 人；学历为本科及以下、硕士、博士的分别为 55 人、79 人和

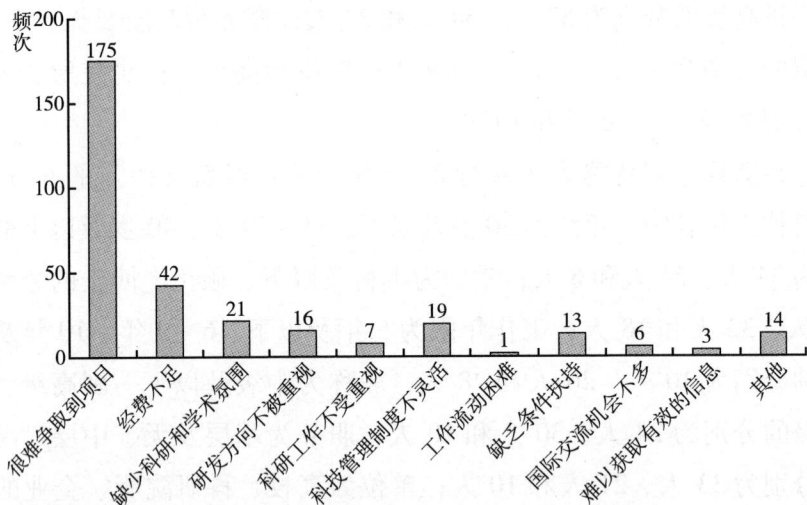

图3　在科技创新创业活动中碰到的主要困难

41 人；工作年限为 5 年及以下、6~9 年、10 年及以上的分别为 46 人、56 人和 73 人；职称为中级及以下、副高级、正高级的分别为 72 人、78 人和 25 人；职务为基层及无、中层、高层的分别为 90 人、55 人和 30 人；单位为高校、科研院所、企业的分别为 127 人、31 人和 17 人。

在选择"经费不足"的 42 位女性科技工作者中，年龄为 30 岁及以下、31~39 岁、40 岁及以上的分别为 21 人、15 人和 6 人；学历为本科及以下、硕士、博士的分别为 8 人、21 人和 13 人；工作年限为 5 年及以下、6~9 年、10 年及以上的分别为 12 人、12 人和 18 人；职称为中级及以下、副高级、正高级的分别为 16 人、21 人和 5 人；职务为基层及无、中层、高层的分别为 24 人、15 人和 3 人；单位为高校、科研院所、企业的分别为 25 人、10 人和 7 人。

在选择"缺少科研和学术氛围"的 21 位女性科技工作者中，年龄为 30 岁及以下、31~39 岁、40 岁及以上的分别为 8 人、11 人和 2 人；学历为本科及以下、硕士、博士的分别为 6 人、13 人和 2 人；

工作年限为 5 年及以下、6~9 年、10 年及以上的分别为 4 人、7 人和 10 人；职称为中级及以下、副高级、正高级的分别为 6 人、10 人和 5 人；职务为基层及无、中层、高层的分别为 13 人、6 人和 2 人；单位为高校、科研院所、企业的分别为 17 人、2 人和 2 人。

（四）制约创新创业积极性的主要因素

调查数据表明，制约女性科技工作者创新创业积极性的主要因素排在前三位的分别是"项目等科技资源分配不合理""科研激励机制不完善""科研经费投入不足"，占比分别为 27.44%、24.92% 和 14.51%（见图 4）。

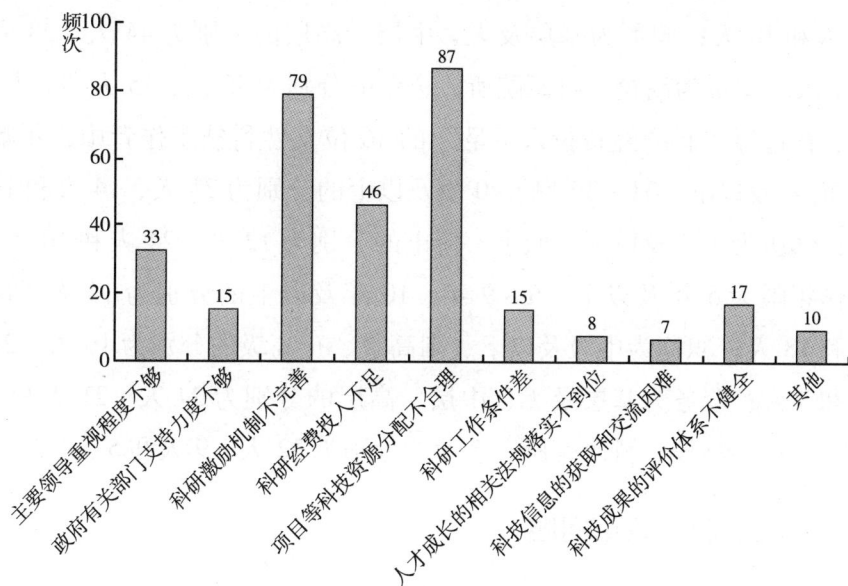

图 4　制约科技工作者创新创业积极性的主要因素

其中，在选择"项目等科技资源分配不合理"的 87 位女性科技工作者中，年龄为 30 岁及以下、31~39 岁、40 岁及以上的分别为

41 人、33 人和 13 人；学历为本科及以下、硕士、博士的分别为 26 人、35 人和 26 人；工作年限为 5 年及以下、6～9 年、10 年及以上的分别为 21 人、29 人和 37 人；职称为中级及以下、副高级、正高级的分别为 44 人、35 人和 8 人；职务为基层及无、中层、高层的分别为 44 人、25 人和 18 人；单位为高校、科研院所、企业的分别为 60 人、16 人和 11 人。

在选择"科研激励机制不完善"的 79 位女性科技工作者中，年龄为 30 岁及以下、31～39 岁、40 岁及以上的分别为 41 人、29 人和 9 人；学历为本科及以下、硕士、博士的分别为 16 人、38 人和 25 人；工作年限为 5 年及以下、6～9 年、10 年及以上的分别为 20 人、22 人和 37 人；职称为中级及以下、副高级、正高级的分别为 30 人、31 人和 18 人；职务为基层及无、中层、高层的分别为 44 人、28 人和 7 人；单位为高校、科研院所、企业的分别为 55 人、15 人和 9 人。

在选择"科研经费投入不足"的 46 位女性科技工作者中，年龄为 30 岁及以下、31～39 岁、40 岁及以上的分别为 21 人、14 人和 11 人；学历为本科及以下、硕士、博士的分别为 12 人、24 人和 10 人；工作年限为 5 年及以下、6～9 年、10 年及以上的分别为 14 人、14 人和 18 人；职称为中级及以下、副高级、正高级的分别为 16 人、27 人和 3 人；职务为基层及无、中层、高层的分别为 24 人、21 人和 1 人；单位为高校、科研院所、企业的分别为 32 人、9 人和 5 人。

（五）制度改革问题

调查数据表明，为激发科技工作者创新创业，应重点开展的改革创新排在前三位的分别是"薪酬分配制度""科技评价制度""科技计划立项评审制度"，占比分别为 34.70%、20.82% 和 19.56%（见图 5）。

其中，在选择"薪酬分配制度"的 110 位女性科技工作者中，

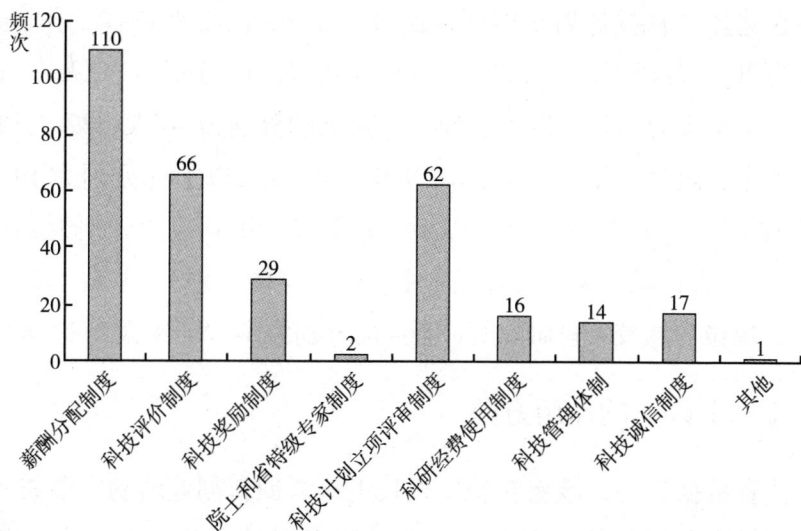

图5 为激发科技工作者创新创业，应重点开展的改革创新

年龄为 30 岁及以下、31～39 岁、40 岁及以上的分别为 47 人、45 人和 18 人；学历为本科及以下、硕士、博士的分别为 34 人、49 人和 27 人；工作年限为 5 年及以下、6～9 年、10 年及以上的分别为 20 人、43 人和 47 人；职称为中级及以下、副高级、正高级的分别为 43 人、49 人和 18 人；职务为基层及无、中层、高层的分别为 56 人、41 人和 13 人；单位为高校、科研院所、企业的分别为 78 人、19 人和 13 人。

在选择"科技评价制度"的 66 位女性科技工作者中，年龄为 30 岁及以下、31～39 岁、40 岁及以上的分别为 34 人、23 人和 9 人；学历为本科及以下、硕士、博士的分别为 25 人、22 人和 19 人；工作年限为 5 年及以下、6～9 年、10 年及以上的分别为 18 人、16 人和 32 人；职称为中级及以下、副高级、正高级的分别为 32 人、26 人和 8 人；职务为基层及无、中层、高层的分别为 40 人、18 人和 8 人；单位为高校、科研院所、企业的分别为 52 人、8 人和 6 人。

在选择"科技计划立项评审制度"的 62 位女性科技工作者中，年龄为 30 岁及以下、31~39 岁、40 岁及以上的分别为 38 人、16 人和 8 人；学历为本科及以下、硕士、博士的分别为 18 人、32 人和 12 人；工作年限为 5 年及以下、6~9 年、10 年及以上的分别为 19 人、26 人和 17 人；职称为中级及以下、副高级、正高级的分别为 24 人、27 人和 11 人；职务为基层及无、中层、高层的分别为 33 人、15 人和 14 人；单位为高校、科研院所、企业的分别为 44 人、1 人和 17 人。

（六）政府的作用方向

调查数据表明，政府在激发科技工作者创新创业活动中最需要做的事情排在前三位的分别是"完善公平合理的科技立项程序与审批制度""完善科技成果的评价和奖励制度""营造廉洁高效的科技创新服务环境"，占比分别为 68.77%、11.99% 和 5.68%（见图 6）。

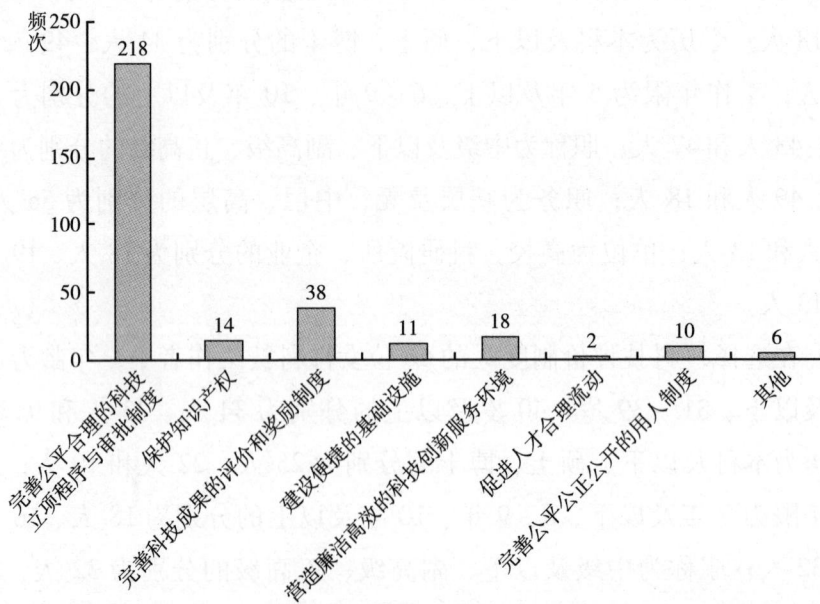

图 6 政府在激发科技工作者创新创业活动中最需要做的事情

其中，在选择"完善公平合理的科技立项程序与审批制度"的218位女性科技工作者中，年龄为30岁及以下、31～39岁、40岁及以上的分别为111人、76人和31人；学历为本科及以下、硕士、博士的分别为60人、98人和60人；工作年限为5年及以下、6～9年、10年及以上的分别为54人、76人和88人；职称为中级及以下、副高级、正高级的分别为91人、96人和31人；职务为基层及无、中层、高层的分别为112人、72人和34人；单位为高校、科研院所、企业的分别为153人、43人和22人。

在选择"完善科技成果的评价和奖励制度"的38位女性科技工作者中，年龄为30岁及以下、31～39岁、40岁及以上的分别为18人、13人和7人；学历为本科及以下、硕士、博士的分别为12人、19人和7人；工作年限为5年及以下、6～9年、10年及以上的分别为7人、15人和16人；职称为中级及以下、副高级、正高级的分别为14人、17人和7人；职务为基层及无、中层、高层的分别为25人、11人和2人；单位为高校、科研院所、企业的分别为22人、9人和7人。

在选择"营造廉洁高效的科技创新服务环境"的18位女性科技工作者中，年龄为30岁及以下、31～39岁、40岁及以上的分别为9人、7人和2人；学历为本科及以下、硕士、博士的分别为7人、8人和3人；工作年限为5年及以下、6～9年、10年及以上的分别为4人、8人和6人；职称为中级及以下、副高级、正高级的分别为6人、6人和6人；职务为基层及无、中层、高层的分别为10人、5人和3人；单位为高校、科研院所、企业的分别为14人、1人和3人。

（七）激励手段

调查数据表明，激发科技工作者创新创业热情最有效的手段排在前三位的分别是"提供科研条件""一次性货币奖励""晋升",占比分别为36.28%、23.34%和16.72%（见图7）。

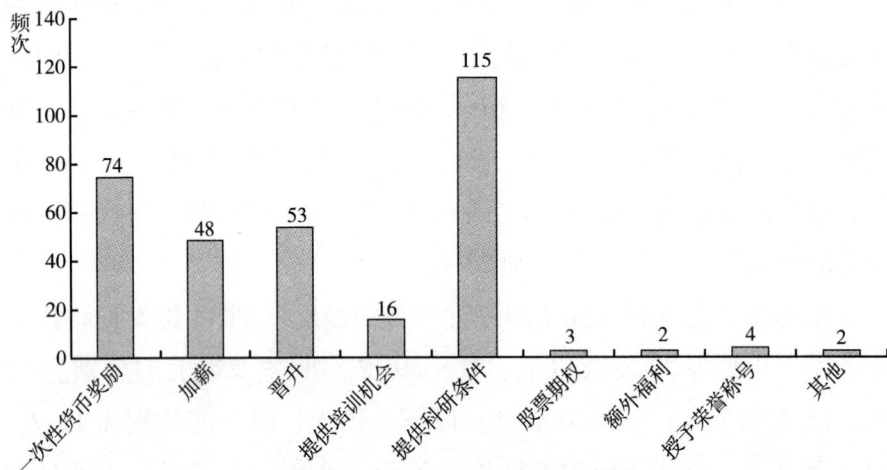

图7　激发科技工作者创新创业热情最有效的手段

其中，在选择"提供科研条件"的115位女性科技工作者中，年龄为30岁及以下、31~39岁、40岁及以上的分别为60人、39人和16人；学历为本科及以下、硕士、博士的分别为29人、47人和39人；工作年限为5年及以下、6~9年、10年及以上的分别为36人、33人和46人；职称为中级及以下、副高级、正高级的分别为47人、52人和16人；职务为基层及无、中层、高层的分别为63人、35人和17人；单位为高校、科研院所、企业的分别为67人、25人和23人。

在选择"一次性货币奖励"的74位女性科技工作者中，年龄为30岁及以下、31~39岁、40岁及以上的分别为35人、26人和13人；学历为本科及以下、硕士、博士的分别为19人、40人和15人；工作年限为5年及以下、6~9年、10年及以上的分别为14人、26人和34人；职称为中级及以下、副高级、正高级的分别为28人、33

人和 13 人；职务为基层及无、中层、高层的分别为 33 人、32 人和 9 人；单位为高校、科研院所、企业的分别为 57 人、8 人和 9 人。

在选择"晋升"的 53 位女性科技工作者中，年龄为 30 岁及以下、31～39 岁、40 岁及以上的分别为 26 人、18 人和 9 人；学历为本科及以下、硕士、博士的分别为 16 人、26 人和 11 人；工作年限为 5 年及以下、6～9 年、10 年及以上的分别为 11 人、25 人和 17 人；职称为中级及以下、副高级、正高级的分别为 18 人、25 人和 10 人；职务为基层及无、中层、高层的分别为 29 人、13 人和 11 人；单位为高校、科研院所、企业的分别为 38 人、7 人和 8 人。

（八）需要出台的政策措施

调查数据表明，为加快科技工作者队伍建设，当前最需要出台的政策措施排在前三位的分别是"实施有利于科技工作者潜心研究的政策""实施支持青年科技工作者脱颖而出的政策""实施有利于高层次创新型科技工作者发展的政策"，占比分别为 68.14%、11.99% 和 9.15%（见图 8）。

其中，在选择"实施有利于科技工作者潜心研究的政策"的 216 位女性科技工作者中，年龄为 30 岁及以下、31～39 岁、40 岁及以上的分别为 99 人、81 人和 36 人；学历为本科及以下、硕士、博士的分别为 61 人、93 人和 62 人；工作年限为 5 年及以下、6～9 年、10 年及以上的分别为 45 人、78 人和 93 人；职称为中级及以下、副高级、正高级的分别为 91 人、94 人和 31 人；职务为基层及无、中层、高层的分别为 113 人、73 人和 30 人；单位为高校、科研院所、企业的分别为 153 人、37 人和 26 人。

在选择"实施支持青年科技工作者脱颖而出的政策"的 38 位女性科技工作者中，年龄为 30 岁及以下、31～39 岁、40 岁及以上的分别为 22 人、11 人和 5 人；学历为本科及以下、硕士、博士的分别为

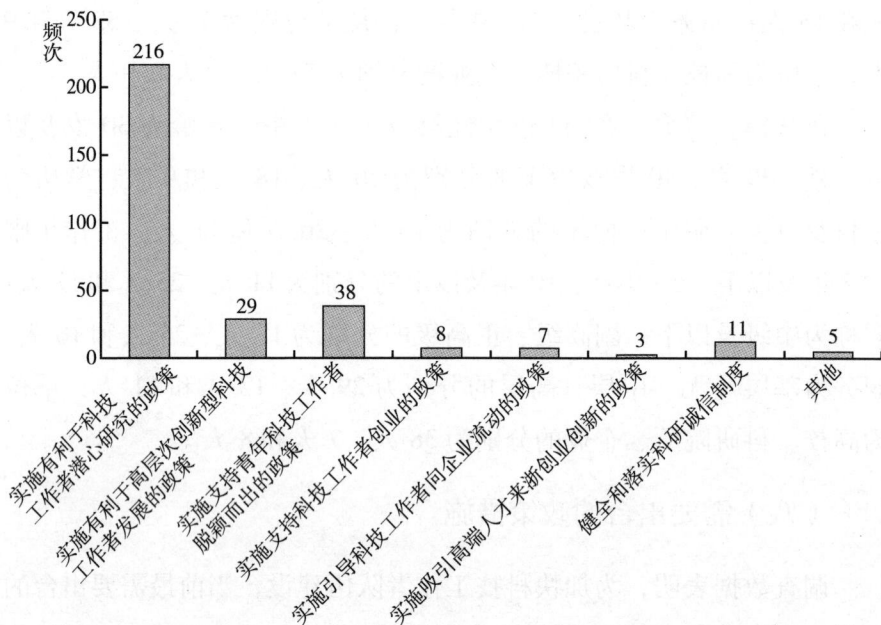

图 8　为加快科技工作者队伍建设，当前最需要出台的政策措施

9 人、17 人和 12 人；工作年限为 5 年及以下、6～9 年、10 年及以上的分别为 12 人、12 人和 14 人；职称为中级及以下、副高级、正高级的分别为 15 人、15 人和 8 人；职务为基层及无、中层、高层的分别为 23 人、10 人和 5 人；单位为高校、科研院所、企业的分别为 28 人、8 人和 2 人。

在选择"实施有利于高层次创新型科技工作者发展的政策"的 29 位女性科技工作者中，年龄为 30 岁及以下、31～39 岁、40 岁及以上的分别为 16 人、11 人和 2 人；学历为本科及以下、硕士、博士的分别为 7 人、18 人和 4 人；工作年限为 5 年及以下、6～9 年、10 年及以上的分别为 11 人、9 人和 9 人；职称为中级及以下、副高级、正高级的分别为 9 人、16 人和 4 人；职务为基层及无、中层、高层的分别为 17 人、8 人和 4 人；单位为高校、科研院所、企业的分别为 21 人、6 人和 2 人。

七 对策与建议

通过对杭州市 317 名女性科技工作者的调研研究发现，女性科技工作者对"管理体制、培训与交流环境、创新支持环境、考核评价环境、流动与配置环境、薪酬激励环境"的满意度并不高。同时，不同年龄、学历、工作年限、职称、职务与单位的女性科技工作者对"管理体制、培训与交流环境、创新支持环境、考核评价环境、流动与配置环境、薪酬激励环境"的满意度存在差异。此外，不同年龄、学历、工作年限、职称、职务与单位的女性科技工作者在工作过程中面临的问题以及对政策的期许也存在一定的差异。针对本文得出的研究结论，结合社会学、管理学和经济学中的相关理论，以及廖中举等（2013）、廖中举（2013）、吴道友等（2013）以及王艺、薛宪方（2013）等的研究，为了进一步满足女性科技工作者的不同需求，调动女性科技工作者创新创业的积极性，需要采取以下措施。

（一）采取多种途径加大对女性科技工作者的物质型激励

按照马斯洛的需求层次理论，物质生活保障是青年女性科技工作者最基本的需求。创新型国家都比较重视对女性科技工作者的物质激励，也确立了与之相适应的激励机制。例如，美国女性科技工作者的平均收入在全社会中是最高的；英国的众多单位都对有突出贡献的女性科技工作者实行倾斜政策，拨出专款大幅度提高她们的工资待遇。

杭州市应采取多种方式提高女性科技工作者的薪酬待遇。例如，按照女性科技工作者所创造价值的贡献率，着重设计具有内部公平性以及外部竞争力的薪酬体系。同时，可以逐步提高劳务费在各级政府科技计划项目支出中的比例，允许在项目资金里提取一定比例激励科研人员开展创新活动；政府科技计划项目可以重点支持发展势头较好、潜力较大的女性科技工作者，尤其是青年女性科技工作者；逐步提高项目的资助强度，进一步扩大一般项目的覆盖面；等等。

（二）为女性科技工作者营造良好的科研环境

为了更好地激励女性科技工作者，应十分注重对科研环境的营造。第一，政府要从全能型政府向服务型政府转变。政府要在维护创新机制正常运转的前提下，满足通过市场机制满足不了或满足不好的社会公共需要，为各种市场主体提供良好的发展环境与平等竞争的条件，为创新提供安全的公共产品，为女性科技工作者提供创新机会和社会保障服务等。第二，应把创新成果的评价重点从"重数量"转为"重质量"，把标志性成果的质量、效益作为评价科研绩效和女性科技工作者水平的主要依据，评价要从过去只关注结果转变为对全过程的关注；在评价形式、评价内容、评价方法等方面应更趋合理、灵活。此外，根据不同类型的科技人才合理确定考核年限，建立相应的科学合理的评价制度。例如，对于基础性和前沿性研究，评价与奖励的重点应放在科学意义和学术贡献层面，突出其创新性；而对于应用性的研究，则要以其所具备的市场竞争力作为评价标准。第三，要建立公平、公正、客观、科学的专业技术资格评价体系，如量化、细化评审条件，采用多角度的考评办法；等等。同时，建立健全鼓励专业技术资格和技能职业资格的评聘政策，对在研发、成果推广等领域做出突出贡献的女性科技工作者，可以直接申报高级专业技术资格，专业技术资格聘任不受单位专业技术岗位数量的限制。第四，营造宽容失败的文化氛围。创新是一个复杂的过程，充满诸多的不确定性，失败是常态。在对创新过程进行严格控制的条件下，允许失败、宽容失败也是鼓励创新的一种方式。

（三）完善女性科技工作者培养与流动机制，积极发挥创新学院的作用

第一，完善女性科技工作者的培养机制，使其在创新中发挥更大的作用。要不断对女性科技工作者进行培训，提高她们的素质和工作能力；单位应提取适当比例的费用用于女性科技工作者的培训，鼓励女性科技工作者参加国内外学术交流，跟踪本领域内的研究动态等。此外，要为女性科技工作者设置科技行政管理职务和科技专业技术职务两种不同类型的职业发展道路，以满足她们对成长型激励措施的需要。第二，引导女性科技工作者合理流动。政府应努力营造完善的人才流动政策环境，引导女性科技工作者在不同区域和单位之间合理流动，降低女性科技工作者的流动风险和成本，提高女性科技工作者流动的活跃度和有效性，这对缩小区域和单位之间科技人才的收入满意度具有重要意义。相关部门应注重对女性科技工作者的管理，加强重点行业、重点领域科技人才供给和需求信息的发布制度，引导女性科技工作者合理而有序地流动。同时，要注重人才资源的市场配置，实行自由择业政策，使女性科技工作者自由流动，采用自由择业体制保证女性科技工作者有充分发挥自己潜力的空间。此外，不同单位内部要消除不利制度，建立公平机制，使收入能够真正反映不同性别、年龄、学历、工作年限、职称、职务等的女性科技工作者的实际贡献。第三，杭州市应积极发挥创新学院的作用。创新学院应致力于培养具有创新精神和创新能力的人才及综合型创新人才，充分利用学院锐意创新的教师和设备资源，聘请著名专家，体现以女性科技工作者为中心的指导思想，促进女性科技工作者的个性化发展，强化女性科技工作者创新意识和能力的开发，为优秀创新型人才培养搭建更好的平台。

参考文献

［1］陈丹红：《科技人才激励机制的宏观构建与微观实施》，《企业经济》2006年第10期。

［2］廖中举、吴道友、程华：《人口背景特征、制度性因素与科技人才收入满意度——基于高校、科研院所与企业的对比研究》，《科学学研究》2013年第6期。

［3］肖军飞：《科技政策视野下的女性科技人才发展研究》，华中师范大学硕士学位论文，2013。

［4］赵秀娥：《科技价值评判与女性科技人才的发展——解读马克思主义女性主义的劳动性别分工》，《传承》2010年第36期。

［5］初军威：《我国科技人才队伍结构性问题分析与政策建议》，《科学学研究》2007年第Z2期。

［6］封铁英：《科技人才评价现状与评价方法的选择和创新》，《科研管理》2008年第Z1期。

［7］罗瑾琏、李思宏：《科技人才价值观认同及结构研究》，《科学学研究》2008年第1期。

［8］吕科伟、韩晋芳：《美国、欧盟与中国女性科技人力资源发展状况的比较研究》，《中国人力资源开发》2015年第3期。

［9］肖政：《从女性科学家素质特点谈女性科技人才的培养》，《高等教育研究学报》2004年第4期。

［10］史容、汪波、张保银：《基于科技人才性别差异的多层满意度因素影响研究》，《科技进步与对策》2011年第4期。

［11］潘朝晖、刘和福：《科技人才流动中的性别差异——以安徽省科技人才为例》，《江淮论坛》2012年第6期。

［12］马缨：《促进女性科技人员发展的意义及相关措施》，《中国科技论坛》2011年第11期。

［13］黄约：《广西女性科技人才创新开发的理念及措施》，《科技管理研究》2011年第22期。

［14］ 王建宇：《女性科技人才成长的社会性别因素分析》，《山西高等学校社会科学学报》2011 年第 8 期。

［15］ 刘筱红、陈奕：《湖北省女性科技人才差异化发展现状及对策研究》，《科技进步与对策》2012 年第 12 期。

［16］ 李卫华、袁璐：《女性科技工作者发展现状及对策研究——以芜湖市为例》，《赤峰学院学报》（自然科学版）2013 年第 8 期。

［17］ 杨慧：《职业生涯视角下女性高层人才成长面临的挑战》，《山东女子学院学报》2013 年第 2 期。

［18］ 李媛：《我国女性科技工作者成长过程探析及启示》，《中国科学基金》2013 年第 5 期。

［19］ 施远涛：《从性别视角看公共部门女性科技人才发展现状——基于湖北省的实证调查》，《中国妇女报》2015 年 2 月 17 日。

［20］ 张丽珊：《影响女性高科技人才工作 - 家庭冲突因素分析及其干预对策》，《中国人力资源开发》2010 年第 12 期。

［21］ 李祖超、尹伶俐、马丹：《我国女性科技人才成长的问题分析与应对策略》，《科协论坛》2010 年第 11 期。

［22］ 廖中举：《青年科技人才创新环境调查分析与对策建议——基于1662 份问卷的实证研究》，《中国青年研究》2013 年第 8 期。

［23］ 廖中举、吴道友、程华：《科技人才创新激励措施偏好分析及其对策——基于浙江省2196 份调查问卷的统计研究》，《科技进步与对策》2013 年第 14 期。

［24］ 吴道友、齐昕、薛宪方：《企业科技人才创新环境评价研究——基于对浙江省470 名企业科技人才的调查》，《未来与发展》2013 年第 12 期。

［25］ 王艺、薛宪方：《高校科技人才创新激励制度探析》，《中国高校科技》2013 年第 5 期。

Abstract

2016 is the very critical year to realize the goal of building China into a moderately prosperous society in an all-round way by 2020, which was put forward by Xi Jinping in the 18th CPC National Congress, and it is also the opening year of *The Implementation the 13th Five-Year-Plan of Women's Development in Hangzhou*. Building China into a moderately prosperous society in an all-round way by 2020 is not only the rapid development of economy, but also the rapid development of the entire people that includes women. It is undoubtedly significant for women's own development by participating in decision-making and management to compile the blue book called *Annual Report on the Development of Women in Hangzhou (2016) —Women's Participation in Social Governance* during this special time. The blue book of 2016 was composed with four parts, including the general report, Women and Grass-roots Management, Women's Social Organizations and Volunteers, Female Intellectuals. In the general report, the author analyzed the situation and existing problems among three aspects as women's participation in base administration, social organizations and technological innovation in Hangzhou, and proposed the corresponding countermeasure and suggestions.

In general report, the author pointed out that with the continuous development of economy and society in Hangzhou, the level of women's participation in public management improves continuously, and women are active in every field of the Hangzhou city management. However, about the angle of existing problems, the traditional gender culture is still an important factor affects women's participation in management. This is mainly manifested as too female cadres work a lot with few cultivation, the proportion of women in the rural village committee director which is far less than the standards of the *Chinese Women's Development Outline* (2011 – 2020), and so on. It is necessary to eliminate the influence of the traditional gender conception, create the conditions and platforms for women to participate in decision-making and management, and encourage women to participate in social governance, to drive women's better participation in decision-making and management in Hangzhou. Recently, women in Hangzhou take part in social organization and engage in volunteer activities eagerly. With the attention of the Hangzhou municipal party committee and municipal government, women's social organization has gradually become a new platform for women's participation in social management, and volunteer activities has become a new mode of women's life in Hangzhou. About the angle of existing problems, systematization and internal management problems of women's social organization in Hangzhou are the main factors affecting women's participation in the social organizations and volunteer activities. Therefore, the author believed that women's social organization should be defined clearly, and the practitioners of female social organization should be trained effectively. All the time, the construction of talent team has received serious attention in Hangzhou, and female intellectuals are becoming an important force of culture, science and technology innovation in Hangzhou. However, social gender stereotypes still influences the growth of women intellectuals in Hangzhou in the aspects of post limit and title promotion of female scientific and technical workers. For making the female intellectuals work better, the selection of female talents should receive continuous attention, and a better environment for female intellectuals' development should be created.

In Women and Grass-roots Management, on the influencing factors of growth of female civil servants at the grass-roots in Hangzhou, the author pointed out five aspects of countermeasures and suggestions, such as perfecting and enforcing the laws and regulations that safeguard women to participate in the management equally, paying attention to playing the subjective initiative of the female civil servants at the grass-roots, attaching great importance to promote the comprehensive quality of female civil servants at the grass-roots and helping them deal with the relationship between family and work and paying attention to the training of the leadership of female civil servants at the grass-roots, adding gender equality into the cadre training course. The author put forward four aspects of opinions and suggestions on the problem of female college students village officials' participation in the construction of grass-roots organization in Hangzhou, including optimizing the way of selecting and appointing university student village official, strengthening their subject consciousness and encouraging them to start a business, to train and utilize them better and improving the capacity of female college students village official to service and organize better at the grass-roots, broadening their developmental channels and constructing the platform for the growth of female college students village officials. What's more, the author also analyzed four aspects of countermeasures and suggestions on women's community participation problems in Hangzhou under the view of gender, including comprehensively improving the overall environment of the women's community participation, perfecting the system of community management further and improving the level of women's participation, strengthening the role of all kinds of social organizations and provide organizational support for women's community participation and improving the ability construction of women's community participation further.

In Women's Social Organizations and Volunteers, on women's social organization development in Hangzhou and its existing problems, the author said five suggestions, such as improving government regulation system, enhancing the credibility of women social organization credibility, improving the ability construction of women's social organization, integrating various kinds of resources of female social organizations and strengthening the international and domestic communication of women's social organization in Hangzhou. Under the view of social governance, the author put forward five suggestions to the problem of the motivation and support mechanism of women's participation in social organizations in Hangzhou, including the paying attention to cultivate the female social organizations, strengthening the organizational safeguard of women's federation, forming project linkage mechanism, developing female talent development plan of social group and attracting female social organization talents to establish a business in Hangzhou.

In Female Intellectuals, on the influence factors of female intellectuals career development, the author put forward five suggestions, such as making intelligence advantage of female intellectuals work fully, promoting the harmonious family construction of female intellectuals in Hangzhou, creating a professional environment in favor of the development of female intellectuals in Hangzhou, creating a social environment in favor of the professional development of women intellectuals in Hangzhou and improving the law enforcement to guarantee the legitimate rights of female intellectuals. Then, the author pointed out three aspects of countermeasures and suggestions on developmental situation of women intellectuals in Hangzhou, including using a variety of ways to increase the material incentives of female intellectuals, creating a good scientific research environment for the female intellectuals and improving the cultivation and flow mechanism of female intellectuals and making the Innovation Campus work actively.

Contents

I General Report

Abstract: The author showed the situation of women's participation in decision-making and management in Hangzhou, and analyzed the existing problems, and put forward the opinions and suggestions to promote women's participation in decision-making and management in Hangzhou from three ways, including the women's participation in urban public management, social organizations and volunteer activities of women, and the scientific and technological innovations.

Keywords: Hangzhou; Women; Social Governance

Ⅱ Women's Participation in Grass-roots Management

B. 2 Basic Women Civil Servants in Hangzhou: What Factors
  Influence Their Development and How to Deal with Them?

Zhang Libo, Wang Jiawei and Hou Gonglin / 015

Abstract: Gender equality requires women to play more important roles in public management and decision-making processes, with enhancing the abilities and promoting the development of basic women civil servants being a crucial part of it. Therefore, CPC Hangzhou Committee and Hangzhou Municipal Government have been attaching tremendous importance to the selection and training of women civil servants at basic level recently. Although impressive progress has been made, it is far from ideal. In this study, the authors first developed an outline of a semi-structured interview on the basis of previous researches and then interviewed 26 grass-root women civil servants in Hangzhou accordingly, hoping to ascertain the influencing factors of their development and offer some implications to remove the unfavorable conditions of the development of women public servants at basic level.

Keywords: Basic Civil Servants; Growth Mechanisms; Influencing Factors; Countermeasures

B. 3 The Study of Female College Students Village Officials
  and Primary Organization Construction

Su Jie, Mo Feng and Zhang Youlan / 040

Abstract: In terms of the overall positioning of college students village officials, the present study combined the current situation of rural primary organization construction in Hangzhou city and the core work of college students village officials to deeply analyze the effect of female college students village officials participating in rural primary organization construction and its problem. The study also provided insightful suggestions about further enhancing the role of female college students village officials in rural primary organization construction.

Keywords: Female College Students Village Officials; Social Gender; Primary Organization Construction

B. 4 Women's Community Participation from the Perspective of Social Gender

—*A Comparative Study Based on Urban and Rural Communities in Hangzhou*　　　　　　　　　　　*Zhou Yan* / 064

Abstract: Through questionnaire investigation and interview method, this paper studies the urban and rural community participation of women in Hangzhou, especially horizontal comparison of differences in content, consciousness, mode, effect, advantages and obstacles etc. Research shows that due to the different conditions of community governance content, gender concept and Individual accomplishment, Hangzhou urban women scored higher than rural women in terms of awareness, motivation, methods and effect. However, there are some exceptions. Based on the comparative analysis of the differences in the urban and rural women's community participation, the paper finds out the cause of the differences and proposes the suggestions on solving the problems.

Keywords: Social Gender; Urban and Rural Community; Participation in Community Women

Ⅲ Female Social Organizations and Volunteers

B. 5 Situation Analysis, Countermeasures and Suggestions of the Development of Hangzhou Female Social Organization

Chen Dongen / 094

Abstract: The development and functioning of the female social organization surely help to promote gender equality and women's development. This article focused on the female social organization in Hangzhou. With questionnaires and thorough interviews, as well as the analysis of documents and data from research, this article investigated the basic situation survival resources social support. At the same time, this article analyzed the type, typical feature and effective role of female social organization in Hangzhou studied the organization's predicament and tried to propose policy recommendations to promote the sustainable development of female social organization.

Keywords: Female Social Organization; Governance; Woman Development

B. 6 The Mechanism for Driving and Encouraging Women in Hangzhou to Participate in Social Organizations in the Perspective of Social Governance

Sun Ying, Sui Haiyang / 127

Abstract: Women constitute a major part of the forces of social organizations, and provide a big pool of human resources for the development of social organizations in the future. Optimizing the mechanism for driving and encouraging women to participate in social organizations and inspiring their passion and wisdom for social organizations and public welfare programs are a vital link to improve the ability of social governance. This paper thoroughly examines the current situation of Hangzhou women's participation in social organizations through literature, questionnaire, interview and empirical analysis, focuses on the review and analysis of type of mechanisms, characteristics and reasons of women's participation in social organizations and puts forward policies and suggestions for optimizing the mechanism for driving and encouraging women to take part in social organizations, including developing women's social organizations, enhancing organizational guarantee of women's federation, forming program linkage mechanism, preparing special talents plan and improving relevant ability building.

Keywords: Social Governance; Women's Participation in Social Organizations; Impetus Mechanism; Supporting Mechanism

Ⅳ   Female Intellectuals

B. 7   The Influential Factors and Countermeasure of Female

Intellectuals' Vocational Development in Hangzhou

Pan Changming / 154

Abstract: This paper studied Hangzhou female intellectuals in their own development process by individuals, families, organizations and society in all aspects of the problem. By means of structured interview method, 40 Hangzhou female intellectuals were interviewed in depth, according to the first - hand materials by interviews, the influential factors of female intellectuals' vocational development in Hangzhou were profoundly analyzed, and the corresponding countermeasures and suggestions on solving the problems were put forward.

Keywords: Female Intellectuals in Hangzhou; Vocational Development; Influential Factors; Countermeasure.

B. 8   The Growth Environment and Growth Strategies of Female Science and Technology Talents in Hangzhou

Liao Zhongju / 183

Abstract: Taking 304 female science and technology talents in Hangzhou as sample, from the perspective of "management system, training and exchange environment, innovation support environment, evaluation environment, flow and configuration environment, salary and incentive environment" and other aspects, this study conducts research on the perception and satisfaction of female science and technology talents in Hangzhou, as well as barriers faced by female science and technology talents in the growth process, and their needs for policy, regulatory and institutional environment. On the basis of research results, this study proposes suggestions to improve policy and policy tools mix on the development of female science and technology talents in Hangzhou from the perspective of the changes in market and in the needs of the government strategy.

Keywords: Female Science and Technology Talents; Development Environment; Management System

法 律 声 明

"皮书系列"（含蓝皮书、绿皮书、黄皮书）之品牌由社会科学文献出版社最早使用并持续至今，现已被中国图书市场所熟知。"皮书系列"的 LOGO（ ）与"经济蓝皮书""社会蓝皮书"均已在中华人民共和国国家工商行政管理总局商标局登记注册。"皮书系列"图书的注册商标专用权及封面设计、版式设计的著作权均为社会科学文献出版社所有。未经社会科学文献出版社书面授权许可，任何使用与"皮书系列"图书注册商标、封面设计、版式设计相同或者近似的文字、图形或其组合的行为均系侵权行为。

经作者授权，本书的专有出版权及信息网络传播权为社会科学文献出版社享有。未经社会科学文献出版社书面授权许可，任何就本书内容的复制、发行或以数字形式进行网络传播的行为均系侵权行为。

社会科学文献出版社将通过法律途径追究上述侵权行为的法律责任，维护自身合法权益。

欢迎社会各界人士对侵犯社会科学文献出版社上述权利的侵权行为进行举报。电话：010-59367121，电子邮箱：fawubu@ssap.cn。

社会科学文献出版社

权威报告·热点资讯·特色资源

皮书数据库
ANNUAL REPORT(YEARBOOK)
DATABASE

当代中国与世界发展高端智库平台

S子库介绍
ub-Database Introduction

中国经济发展数据库

涵盖宏观经济、农业经济、工业经济、产业经济、财政金融、交通旅游、商业贸易、劳动经济、企业经济、房地产经济、城市经济、区域经济等领域，为用户实时了解经济运行态势、把握经济发展规律、洞察经济形势、做出经济决策提供参考和依据。

中国社会发展数据库

全面整合国内外有关中国社会发展的统计数据、深度分析报告、专家解读和热点资讯构建而成的专业学术数据库。涉及宗教、社会、人口、政治、外交、法律、文化、教育、体育、文学艺术、医药卫生、资源环境等多个领域。

中国行业发展数据库

以中国国民经济行业分类为依据，跟踪分析国民经济各行业市场运行状况和政策导向，提供行业发展最前沿的资讯，为用户投资、从业及各种经济决策提供理论基础和实践指导。内容涵盖农业，能源与矿产业，交通运输业，制造业，金融业，房地产业，租赁和商务服务业，科学研究，环境和公共设施管理，居民服务业，教育，卫生和社会保障，文化、体育和娱乐业等 100 余个行业。

中国区域发展数据库

以特定区域内的经济、社会、文化、法治、资源环境等领域的现状与发展情况进行分析和预测。涵盖中部、西部、东北、西北等地区，长三角、珠三角、黄三角、京津冀、环渤海、合肥经济圈、长株潭城市群、关中—天水经济区、海峡经济区等区域经济体和城市圈，北京、上海、浙江、河南、陕西等 34 个省份及中国台湾地区。

中国文化传媒数据库

包括文化事业、文化产业、宗教、群众文化、图书馆事业、博物馆事业、档案事业、语言文字、文学、历史地理、新闻传播、广播电视、出版事业、艺术、电影、娱乐等多个子库。

世界经济与国际政治数据库

以皮书系列中涉及世界经济与国际政治的研究成果为基础，全面整合国内外有关世界经济与国际政治的统计数据、深度分析报告、专家解读和热点资讯构建而成的专业学术数据库。包括世界经济、世界政治、世界文化、国际社会、国际关系、国际组织、区域发展、国别发展等多个子库。